Goldmann PSYCHOLOGIE + PÄDAGOGIK

Band 9518

Heinz Dirks · Der Mensch im Licht der Psychologie
Moderne Seelenkunde I

Klaus Merker
Juli 73
PAL 78/M

Wie entwickelt sich das Kind zum Erwachsenen, und wie kann es seine Persönlichkeit entfalten? Was erlebt der Mensch bewußt in seinem seelischen Geschehen, und was spielt sich in seinem Unterbewußtsein ab? Was wissen wir über mißglückte Erlebnisverarbeitung, Angstzustände, Affekte, Neurosen und Fehlleistungen? Gibt es wirklich glaubwürdige Praktiken zur Ergründung des Schicksals? Alle diese Fragen und die dazugehörigen Stoffgebiete werden hier behandelt und in einfacher und auch für den Laien verständlicher Form beantwortet. Für jeden, der sich um Menschenkenntnis bemüht, wird dieses Buch eine wahre Fundgrube sein.

DR. PHIL. HEINZ DIRKS, Universitätsdozent, leitet ein eigenes Institut für Psychologie in Hannover.

Vom gleichen Autor sind außerdem erschienen:

Mensch und Mitmensch im Licht der Psychologie.
Moderne Seelenkunde II (2626) DM 3,–

Mensch und Umwelt im Licht der Psychologie.
Moderne Seelenkunde III (2627) DM 3,–

HEINZ DIRKS

Der Mensch im Licht der Psychologie

Moderne Seelenkunde I

Mit einem Beitrag von Herbert Gottschalk
Wie begegnet der Mensch den okkulten Erscheinungen?

Mit 31 Abbildungen

WILHELM GOLDMANN VERLAG MÜNCHEN

7035 · Made in Germany · 3. Auflage · Genehmigte Taschenbuchausgabe. Originalausgabe im Bertelsmann Lexikon-Verlag Reinhard Mohn, Gütersloh, unter dem Titel „Psychologie". Umschlagentwurf: Ilsegard Reiner. Foto: Bildarchiv der „Süddeutschen Zeitung". Gesetzt aus der Linotype-Garamond-Antiqua. Druck: Presse-Druck, Augsburg. Verlagsnummer 9518 · HH/Hu
ISBN 3-442-09518-2

Inhaltsverzeichnis

Wie entfaltet sich die Persönlichkeit? – Persönlichkeitspsychologie –

Was geht unbewußt im Menschen vor? – Tiefenpsychologie –

Wie begegnet der Mensch den okkulten Erscheinungen? Von Herbert Gottschalk

Weg zur Menschenkenntnis

Die Frage nach dem Menschen und seinem Wesen stellen wir aus zwei verschiedenen Gründen: Um die Begegnung mit dem anderen erfolgreich gestalten zu können, müssen wir uns ein Bild vom anderen Menschen machen. Andererseits haben wir das Bedürfnis, unser eigenes Ich durch Selbstbesinnung zu ergründen, um im Selbstverstehen die Sicherheit der Lebensbewältigung zu erreichen.

Das Vertrauen auf unsere angeborene Menschenkenntnis wird aber leider oft durch Irrtümer erschüttert. Lernen wir einen Menschen kennen, so haben wir zuerst einmal das Erlebnis der Sympathie oder der Antipathie, das sich ohne unser Zutun meist sofort einstellt. Aus der Erfahrung wissen wir, daß sich später dieser erste Eindruck keineswegs immer bestätigt. Wir müssen dann unser Urteil über den anderen Menschen berichtigen und suchen nach Anhaltspunkten, die uns eine bessere Erkenntnis ermöglichen.

Wir fragen zum Beispiel nach der Herkunft des Menschen. Dabei stellen wir fest, daß er in schwierigen häuslichen Verhältnissen großgeworden ist, und meinen, darin einen Schlüssel für sein Verhalten gefunden zu haben. Aber den einen stählen schwierige häusliche Verhältnisse, dem anderen rauben sie Kräfte und Selbstvertrauen. Es gibt deshalb keine eindeutige Schlußfolgerung, die etwa sagen könnte, daß bestimmte Umweltverhältnisse zu einer bestimmten Persönlichkeitsform führen müssen. Denn der Mensch wird ja nicht nur durch die Umwelt beeinflußt, sondern er bringt auch bestimmte Anlagen von Natur aus mit. Welches sind nun diese Anlagen, und wie können wir sie erkennen?

Weit verbreitet ist die Angewohnheit, aus der äußeren Erscheinung des Menschen auf seine Veranlagung zu schließen. Wir sagen, die hohe Stirn deute auf eine hohe Intelligenz, die flache Stirn auf eine geringe Intelligenz hin. Doch die Erfahrung und die genaue Beobachtung lehren, daß solche eindeutigen Beziehungen nicht bestehen. Es gibt Denker, die keineswegs eine besonders hohe Stirn haben, und es gibt andererseits Schwachsinnige mit einer sehr hohen Stirn. Ebensowenig müssen Menschen mit zusammengewachsenen Augenbrauen über der Nasenwurzel jähzornig sein.

Die Deutung all dieser Merkmale liegt im Bereich der Vorurteile. Sie reicht zu einer sachlichen Beurteilung von Menschen nicht aus.

Zu den Vorurteilen gehört auch die Abstempelung des einzelnen nach seiner landsmännischen Zugehörigkeit. Wir haben bestimmte Vorstellungen, wie sich zum Beispiel die Westfalen von den Niedersachsen unterscheiden, und wir übertragen diese Vorstellungen auf die Einzelpersönlichkeit. Das kann gelegentlich stimmen, aber ebensooft machen wir die Erfahrung, daß es im Einzelfall doch nicht ein eindeutiges Bild von dem Menschen gibt. Denn diese Vorstellungen über den Charakter einer bestimmten Landsmannschaft oder eines Volksstammes treffen immer nur den großen Durchschnitt, und jeder einzelne kann natürlich von diesem Durchschnitt erheblich abweichen. Auch unter den im allgemeinen ruhigen Westfalen können lebhafte und überlebhafte Temperamente vorkommen.

So kann die Reihe der berühmten Vorurteile fast beliebig fortgeführt werden. Manche sind sehr viel weniger begründet als das letzte Beispiel. Meist wird eine wohl richtige Einzelerfahrung vorzeitig und unzulässig verallgemeinert. Der tiefere Grund für dieses Vorgehen liegt darin, daß der Mensch eine Entlastung in der schwierigen Aufgabe sucht, sich über den anderen Menschen klarzuwerden. Doch allgemeine Kennzeichnungen treffen das Wesen des Menschen immer nur in groben Zügen und sind im Einzelfall oft falsch.

So bleibt die Aufgabe gestellt, uns genau mit den Einzelmenschen zu beschäftigen. Wir möchten uns nicht mit oberflächlichen oder unzutreffenden Charakterisierungen zufriedengeben, sondern zu einem möglichst vielseitigen Bild kommen.

Wenn wir aber diesen Weg zur Erkenntnis des anderen Menschen mit einiger Gründlichkeit beschreiten wollen, müssen wir uns zunächst über Wesen und Art des Menschen überhaupt klarwerden. Dazu ist ein bestimmtes Wissen erforderlich, von dem aus wir die Einzelbeobachtung richtig einzuordnen vermögen und richtig bewerten können. Der Mensch ist nun einmal kein einfaches Wesen. Er entfaltet sich vielschichtig in seinem seelischen Leben, und er wird wirksam in einer Umwelt, die kompliziert ist und mit vielfältigen Reizen auf ihn einwirkt.

Ein Überblick über die menschliche Entwicklung, über die Entfaltung der Persönlichkeit und die Beziehungen des Menschen zu seiner Umwelt soll in diesem Buche gegeben werden. Dabei wollen wir uns für die Erkenntnis des menschlichen Charakters auf das Wesentliche beschränken, ohne in spezielle Fachprobleme einzudringen. Wie entwickelt sich das Kind zum Erwachsenen? Wie nimmt der Mensch seine Umwelt wahr? Nach welchen Aufbaugesetzen entfaltet sich seine Persönlichkeit? – So heißen die Hauptfragen, auf die die Kinder- und Entwicklungspsychologie, Sozialpsychologie, Charakterologie und die vielen andern psychologischen Forschungsbereiche antworten. Wie das menschliche Verhalten im Unbewußten verankert ist, erläutert die Tiefenpsychologie. Schließlich erhellt die Parapsychologie Gebiete der außersinnlichen Erfahrung mit Gedankenübertragung, Hellsehen, Prophetie, Spuk, Fernbewegung von Gegenständen und ähnlichen Erscheinungen, deren Zugehörigkeit zum Bereich menschlichen Seins seit kurzem wissenschaftlich erforscht wird.

Wenn man sich in die dargestellten Probleme hineindenkt und sich einiges Wissen über die Grundlagen seelischen Geschehens angeeignet hat, dann werden die Beobachtungen am Einzelmenschen oft in anderem Licht erscheinen. Sie geben uns vielleicht im Einzelfall neue Fragen auf, aber wir werden aus unserem Wissen und unserer Erkenntnis der Zusammenhänge heraus nur um so gerechtere Antworten finden.

Wir hoffen, dem Leser eine Hilfe für seinen Weg durch die vielfältigen Erscheinungen der menschlichen Seele und auch zur Selbsterkenntnis zu geben. Beides zusammen wird uns eine Grundlage vermitteln, um die vielfältigen Anforderungen der modernen Zeit und ihre immer komplizierter werdenden menschlichen Beziehungen zu bewältigen.

> Die Menschen fürchtet nur, wer sie nicht kennt;
> und wer sie meidet, wird sie bald verkennen.
>
> Goethe

Die Weltseele. – Diese Radierung aus dem 17. Jahrhundert zeigt das aus dem Altertum übernommene Sinnbild der Gottmutter, die im göttlichen Auftrag die Schöpfung nährt. Auf unserer Abbildung trägt sie noch Symbole der ägyptischen Gottmutter Isis: Das langwallende Haar bedeutet, daß sie die Nährmutter der ganzen Welt ist. Die magischen Strahlen des Halbmondes befruchten die Erde. Sie berührt Wasser und Erde mit den Füßen, denn beide sind ihr untertan. Die eine Kette bindet sie an Gott, die andere den Menschen an sie, der sein Leben dem Samen verdankt, der aus ihrer Brust rinnt.

Wie entwickelt sich das Kind zum Erwachsenen – Entwicklungspsychologie –

Was heißt Entwicklung?

Jedes Lebewesen macht eine Entwicklung durch – das Werden von der Keimzelle bis zu völliger Reife. Je nach der Art verläuft diese Entwicklung bei Pflanze und Tier verschieden schnell; sie ist bei den primitivsten Tierformen, den Einzellern, gleich Null und dauert beim Elefanten viele Jahre. Ebenso unterschiedlich rasch verläuft das Wachstum bei den verschiedenen Pflanzenarten. Der Zeitpunkt der Reife ist erreicht, wenn das Lebewesen fortpflanzungsfähig ist.

Mit dem Größenwachstum reifen auch die Funktionen. Die Pflanze hat ihre Entwicklung abgeschlossen, wenn sie Früchte tragen kann. Das dauert, je nach der Pflanzenart, Wochen, Monate oder Jahre. Das Tier hat seine Entwicklung beendet, wenn es in der Lage ist, neue Lebewesen zu zeugen oder auszutragen. Beim Menschen rechnen wir die Entwicklung bis zum Ende seines Größenwachstums, also etwa bis zum zwanzigsten Lebensjahr. Seine körperliche Reifung ist oft früher beendet, die Zeugungsfähigkeit setzt wesentlich eher ein. Die seelische Entwicklung wird man aber kaum vor dem zwanzigsten Lebensjahr als abgeschlossen ansehen dürfen.

Es gibt eine alte Einteilung nach einem Sieben-Jahre-Rhythmus, die sicher nicht zufällig ist, sondern Abschnitte umfaßt, die – mindestens in unserem Kulturbereich – von Bedeutung sind: In den ersten sieben Jahren wächst das Kind im Elternhaus heran, es entfaltet sich in der Familie und im Spiel. In den zweiten sieben Jahren besucht es die Schule; hier werden die einfachen geistigen Fertigkeiten und ein elementares Wissen erworben, um den Erfordernissen des Lebens gerecht zu werden (Lesen, Schreiben, Rechnen, Naturkunde, Geschichte, Erdkunde). In den dritten sieben Jahren erfolgt die Berufsausbildung, und die Sammlung von Lebenserfahrungen beginnt. Danach kann der Mensch auf eigenen Füßen stehen, braucht keine Führung mehr – und wird auch in unserer Gesellschaftsordnung für großjährig erklärt.

Hinter dieser äußeren Entwicklung steht ein reiches seelisches Leben, das zu erforschen Aufgabe der Entwicklungspsychologie ist.

Die frühe Kindheit

Das Neugeborene. – Ein Kind ist geboren. Mit einem ersten Schrei ist es auf diese Welt gekommen und lebt nun als ein selbständiges Wesen, losgelöst vom Leib der Mutter. Aber wenn es auch als ein Eigenwesen besteht, so ist es doch noch völlig hilflos. Anders als manche Tiere, die von der ersten Stunde ihres selbständigen Lebens an durch eine Reihe vererbter Instinkte geleitet sind, ist das Kind von sich aus nicht lebensfähig, sondern darauf angewiesen, die wichtigen Lebensfunktionen erst noch zu erlernen. Nur einen Instinkt hat es mitgebracht – den Sauginstinkt, und mit ihm ist auch die Tätigkeit des Saugens voll funktionsfähig. Immer wenn der kleine Körper Nahrung braucht, meldet sich der Hunger durch Schreien, und sobald ihm die Nahrung in Form der Mutterbrust oder der Flasche geboten wird, beginnt das Saugen und Schlucken.

Das Neugeborene kann schreien und trinken. Der gesamte Ernährungs- und Verdauungsapparat arbeitet. Aber auch die Atmung, der Blutkreislauf und das Herz sind in Tätigkeit, kurz, alle physischen Funktionen, die durch das sogenannte »vegetative« Nervensystem gesteuert werden. Es sind das die Körperfunktionen, die auch später im Reifezustand weitgehend dem Einfluß des Willens entzogen sind, die von selbst ablaufen, »autonom« arbeiten.

Das ist die Ausgangssituation, mit der die Entwicklung des neugeborenen Kindes beginnt. Seelisches Leben – auch in einfachster Form – ist dabei noch kaum feststellbar. Bewußtes seelisches Leben ist sicher noch nicht vorhanden, unbewußt werden aber ganz verschwommene und ungegliederte Gefühlserlebnisse vorhanden sein, die vor allem durch die Wahrnehmung äußerer Reize ausgelöst werden.

Welche Sinnesorgane sind beim Neugeborenen wirksam? Das Ohr ist fast taub und reagiert nur auf grobe Reize, die dann zu Schreckreaktionen führen. Wenn man eine Tür zuschlägt, schrickt das Neugeborene bereits auf. Die Wahrnehmung von Wärme und Kälte ist sicher gegeben, denn auf Kälte reagiert der Säugling durch Schreien. Man muß annehmen, daß der Tastsinn – mindestens ansatzweise – funktioniert, denn er führt zu richtigen Reflexbewegungen beim Trinken. Dabei wird auch der Geschmacks- und Geruchssinn wirksam werden. Alle Wahrnehmungen der Außenwelt beschränken sich auf die genannten Funktionen. Das Neugeborene schläft viel, unberührt von dem, was in der Umwelt vorgeht.

Entwicklung der ersten drei Monate. – Die Entwicklung des Neugeborenen macht in den nächsten Monaten und Jahren außerordentliche Fortschritte. Nie lernt der Mensch später so viel, nie entwickelt er sich später mit solcher Geschwindigkeit wie in dieser Frühzeit.

Nach einem Monat sind aus den unklaren Eigenbewegungen des Neugeborenen schon kriechende Bewegungen mit gutem Zusammenspiel der einzelnen Bewegungsabläufe geworden, obwohl es zu einem wirklichen Kriechen noch nicht kommt. Das Kind kann den Kopf bereits drehen und heben.

Es horcht auf einzelne Laute seiner Umgebung, es wendet die Augen bewegten Gegenständen zu und bringt deutlich unterschiedliche Laute für Unbehaglichkeit, Schmerz und Hunger hervor.

An diesen Äußerungen sieht man, daß nun etwas vorgeht in der kindlichen Seele, ganz gleich, welcher Bewußtheitsgrad diesem seelischen Leben und Erleben zukommt.

Die Entwicklung geht weiter: Mit sechs bis acht Wochen zeigt sich auf dem Gesicht des Kindes das erste Lächeln; es ist ein stilles Lächeln als eine Antwort auf die Annäherung einer vertrauten Person. Das Kind nimmt nun schon vieles in seiner Umgebung wahr. Der Kopf kann sich frei drehen, Auge und Ohr nehmen teil an der Umgebung. Die Wahrnehmungen – vor allem die des Auges – werden kontrolliert durch den Tastsinn, der in dieser Zeit eine große Rolle spielt. Das Kind kann jetzt sein Befinden schon besser deutlich machen: War es vorerst nur Unbehagen, das in verschiedenen Formen des Schreiens zum Ausdruck kam, so kann es jetzt auch sein Vergnügen durch einzelne Laute kundtun.

Wer ein Gefühl für kindliche Äußerungen hat, wer sich innerlich mit Liebe auf das Kind einstellt, der kann es jetzt schon gut verstehen. Auch das Kind »versteht« den Erwachsenen, wenn dieses Verstehen auch ein sehr verschwommenes Erleben ist und mit dem Verstand im landläufigen Sinne noch nicht viel gemein hat. Aber es spürt sehr wohl, welche Haltung der Erwachsene ihm gegenüber einnimmt. Es braucht in dieser Phase die liebevolle Zuwendung eines Erwachsenen.

Liebe zum Kind. – Die Liebe zum Kind ist durch nichts zu ersetzen, sie ist ihm mehr als die äußere Fürsorge. Sie wurzelt in einer tiefen Bindung der Eltern an das Kind und wächst erst aus der Bereitschaft, für das Kind Opfer zu bringen. Durch diese Liebe entsteht beim Kind ein Gefühl der Geborgenheit, entsteht das Erlebnis, sich ganz auf die Eltern verlassen zu können. Ohne Liebe bleibt der Lebensbereich des kindlichen Daseins kalt, und sei er mit noch soviel Komfort ausgestattet.

Der Säugling erlebt seine eigene Situation nicht bewußt, aber er nimmt gefühlsmäßig auf, was ihm aus seiner Umgebung entgegentritt. Da er allein auf sich gestellt nicht existenzfähig ist, muß er in allen Einzelheiten seines Alltags von der Mutter versorgt werden. Er bedarf einer umfassenden Pflege, die sich nicht nur auf die körperlichen Bedürfnisse erstreckt. Beim Säugling ist der liebevolle Kontakt zur Mutter eine notwendige Voraussetzung für sein Wohlbefinden. Die Mutter wird mit ihm sprechen und scherzen, sie wird ihn liebkosen und sich an ihm freuen. Jeder Griff, mit dem sie das Kind anfaßt, überträgt sich auf das Kind, ihre Stimme wird von ihm aufgenommen und erlebt. Ein hartes Wort wirkt als Schreck oder Schock, ein zärtliches wird als wohltuende Bestätigung des eigenen gefühlshaften Daseins empfunden. Dabei ist übertriebene Vorsicht von seiten der Mutter nicht angebracht. Genauso, wie das Kind die feste Hand braucht, weil sie ihm das Gefühl der Sicherheit vermittelt, genauso ist auch eine Verwöhnung mit Zärtlichkeit nicht gut. Das Kind gewöhnt sich im übrigen an eine regelmäßige Beschäftigung mit ihm und reagiert mit Schreien und Weinen, wenn diese einmal ausbleibt. Auch der Vater wird als zugehörig zum eigenen Lebenskreis erlebt, wenn er sich mit dem Kind beschäftigt.

In einer Kinderklinik fiel ein Säugling dadurch auf, daß er regelmäßig um 17.30 Uhr zu schreien anfing. Das war die Zeit, zu der der Vater aus dem Büro nach Hause kam und ihn aufnahm, um mit ihm zu spielen. Die »innere Uhr« des Kindes war genauso wie auf die Nahrungsaufnahme auf dieses seelische Erlebnis eingestellt.

Beziehungen zur Umwelt. – In diesen ersten Monaten kann der Säugling eine Person von der anderen noch nicht unterscheiden. Statt der Mutter könnte auch eine andere Pflegeperson diese Rolle übernehmen, ohne daß das Kind es empfinden würde. Wohl aber zeigen Beobachtungen, daß sich sein Gesichtssinn auf größere Farbunterschiede einstellt. So gewöhnt sich ein Säugling in der Klinik sehr schnell an die weiße Kleidung der Schwestern und Ärzte und reagiert dann mit Weinen, wenn ihm die Mutter im dunklen Kleid gegenübertritt. Solche Farborientierung ist auch bei Tieren bekannt. Man kann Tiere leicht auf eine Farbe dressieren, wenn man mit der Futterverabreichung regelmäßig ein Farbsignal koppelt. Offensichtlich wird die Farbwahrnehmung in tieferen Schichten der Persönlichkeit ohne Beteiligung des wachen Bewußtseins bereits wirkungsvoll verarbeitet.

Nach und nach weitet sich der Wahrnehmungsraum des Säuglings aus. Konnte er anfangs nur solche Gegenstände wahrnehmen, die

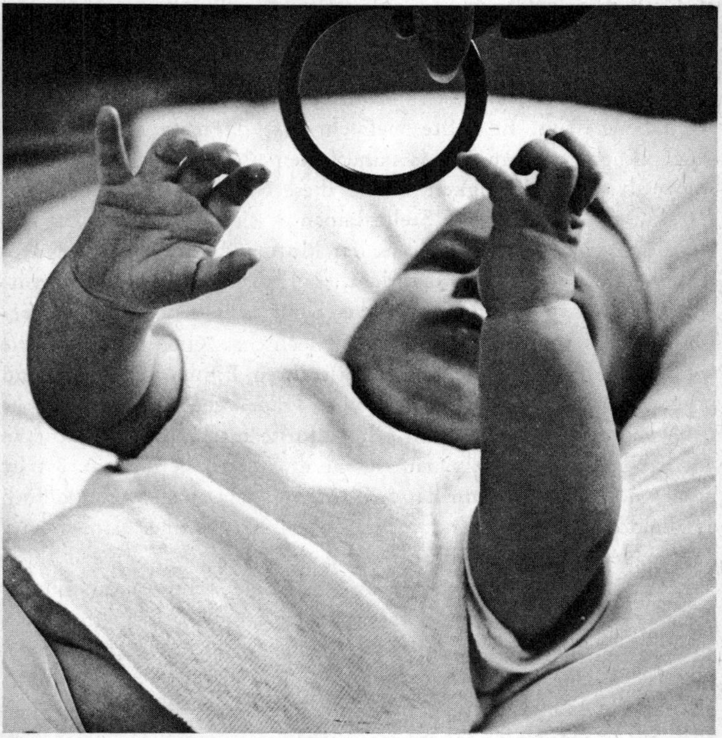

Nie entwickelt sich der Mensch später so schnell wie in den ersten Monaten seines Lebens. Mit zwei Monaten gestattet ihm seine Wahrnehmung bereits das zielsichere Greifen nach Gegenständen.

dicht an sein Auge herantraten, so folgt er bereits vom vierten Monat an mit den Augen einem verschwindenden Gegenstand. Mit fünf Monaten wendet er den Kopf dem Ton einer Stimme oder Glocke zu. Damit ist bereits eine räumliche Orientierung der Wahrnehmung festgestellt.

Mit dem sechsten Monat kann das Kind ganz kurze Zeit aufrecht sitzen. Es unterscheidet jetzt auch zwischen Fremden und Bekannten.

Mit dem achten Monat etwa vermag das Kind auch den Gesichtsausdruck anderer Menschen im groben zu erfassen. Damit wird es in einem weiteren Sinne aufnahmefähig, und es reagiert auch auf diese Erlebnisse. Die Eltern werden darauf Rücksicht nehmen und sich innerlich darauf einstellen. Wenn der Vater verärgert aus dem Beruf nach Hause kommt, soll er nicht versuchen, den Ärger dadurch zu vergessen und loszuwerden, daß er sich mit dem Kind beschäftigt. Er sollte vielmehr erst dann, wenn er wieder ausgeglichen ist, dem Kinde nähertreten. Angst, Trauer, Schreck, Aggressivität, Gehässigkeit – alle diese Stimmungen mögen ihre Ursache an ganz anderer Stelle haben –, sie werden sich auf das Kind über den Gesichtsausdruck der Mutter übertragen und es seelisch belasten. Freude, Heiterkeit, Zufriedenheit, Hingabebereitschaft, Glück regen umgekehrt das Kind zu einem positiven Gefühlserlebnis an und fördern sein seelisches Gleichgewicht. Die Eltern können durch Selbstkontrolle ihren Einfluß auf das Kind positiv gestalten. Aber da Leid und Trauer ebenso zum Menschsein gehören wie Freude und Glück, sollte man auch hier nicht zu vorsichtig sein, vielmehr nur stärkere Affekte vermeiden. Es ist immer noch besser, wenn das Kind ebenso wie an der Freude auch am Leid der Mutter teilnimmt, als wenn es von einer Atmosphäre kühler Neutralität und Sachlichkeit umgeben ist.

Es sind Beispiele aus äußerlich ideal eingerichteten amerikanischen Kinderheimen bekannt, in denen trotz aller hygienischen Vorsorge die Säuglingssterblichkeit größer ist als unter schlechtesten sozialen Verhältnissen (Armenviertel). Die sachliche und verstandesmäßig geplante Versorgung der Kinder reicht für ihr Gedeihen nicht aus, wenn die hingabebereite Liebe fehlt.

Das Kind am Ende des ersten Jahres. – Mit neun Monaten kann das Kind allein sitzen. Es beginnt jetzt die ersten Wörter zu sprechen. »Papa« und »Mama« werden geläufig, aber das Kind erfaßt und wiederholt auch andere einfache Wortklangbilder. Es horcht jetzt mit Interesse auf bekannte Wörter, es sieht gespannt zu, wenn man ihm etwas vorzeichnet, und es beteiligt sich an rhythmischen kleinen Spielen, die es lange Zeit mit immer demselben Vergnügen wiederholen kann.

Mit zwölf Monaten schließlich kann sich das Kind selbständig hinsetzen und mit fremder Hilfe schon einige Schritte gehen. Sich selbst überlassen, wird es sich aber noch immer kriechend fortbewegen. Es beherrscht das Kriechen nämlich mit großer Geschicklichkeit und wählt gefühlsmäßig diese »sichere« Methode, wenn es ein Ziel im Raum erreichen will. Es versteht einfache Anweisungen, es kann mit dem Bleistift kritzeln, es wiederholt gern Dinge, über die seine Umgebung lacht. Das bedeutet aber, daß es die Reaktionen der anderen Menschen begreift und sich richtig darauf einzustellen vermag.

Mit der Möglichkeit der eigenen Fortbewegung beginnt das Kind seine Umwelt zu erobern. Zuerst einmal reißt es die Tischdecke vom Tisch und benutzt sie für andere Zwecke. Mit Decken hat es ja schon einige Erfahrungen. Dann zerreißt es die Zeitung, die der Vater noch nicht gelesen hat. Dabei kann es die Funktionen der eigenen Hände wunderbar erproben. Es versucht, den Finger in die elektrische Steckdose zu stecken – und dann sperren es die Eltern in den Laufstall, damit kein Unglück geschieht. Etwas Spielzeug, ein paar Bauklötze, ein paar Stofftiere werden mit in den Laufstall gelegt, und das Kind bleibt sich selbst überlassen. Je nach Temperament und Stärke der Antriebe ist sein Bewegungsbedürfnis beschaffen. Manche Kinder können sich stundenlang ohne größere Bewegung in ihrer kleinen Laufstallwelt beschäftigen. Andere werfen als erstes alles Spielzeug hinaus, um dann festzustellen, daß sie es nicht allein wieder erreichen können; durch Schreien werden die Erwachsenen aufmerksam gemacht. Daraus ergibt sich dann ein vergnügliches Spiel: Das Kind wirft das Spielzeug hinaus, der Erwachsene holt es immer wieder herbei. In diesem an sich harmlosen Tun liegt ein sinnvolles Geschehen. Das Kind übt seine motorischen Funktionen: Aufstehen, Sichbewegen, Hinsetzen, Hinlegen, Greifen, Werfen, Sichfesthalten, und es bildet seine Sinnesfunktionen und Wahrnehmungen weiter aus. Es beobachtet und verarbeitet das ganze Geschehen. Eines Tages weiß es, daß das Laufstallgitter eine Barriere ist. Es schreit nun nicht einfach mehr, wenn diese seinen Betätigungsdrang hindert, sondern übernimmt oder erfindet Wörter, um den Erwachsenen seine Wünsche klarzumachen. So lernt es, sich zielgerichtet zu verhalten.

Erlebnisse im ersten Jahr. – Im ersten Lebensjahr können entscheidende Einflüsse auf die weitere seelische Entwicklung eines Kindes wirksam werden, die später seinen Charakter wesentlich beeinflussen. So können zum Beispiel schmerzhafte Erlebnisse beim Nähren des Kindes entstehen.

In den ersten Monaten bedeutet das Füttern das wichtigste Ereignis des kindlichen Alltags. Es ist keine Frage, daß die Befriedigung dieses Bedürfnisses mit einem Lustgefühl begleitet ist und daß das Wohlbefinden des Kindes von allem beeinträchtigt wird, das den Vorgang des Trinkens und Saugens erschwert oder unmöglich macht. Auch eine Regelmäßigkeit in der Ernährung ist notwendig. Das Kind gewöhnt sich sehr schnell an einen bestimmten Rhythmus, und dessen Unterbrechung wirkt störend oder sogar schockierend. Das stundenlange Schreien eines Säuglings, der seine Mahlzeit nicht zur rechten Zeit bekommt, weil die Eltern ins Kino gegangen sind, kann erhebliche seelische Belastungen nach sich ziehen. Das Gefühl der Verlassenheit entsteht dabei, auch wenn das Kind noch nicht bewußt dazu Stellung nehmen kann. Jedes weitere Ereignis, das sein Gefühl der Sicherheit zerstört, verstärkt die Belastungen. Das Kind muß unbewußt spüren, daß es sich auf die Mutter verlassen kann, und die Mutter wird alles vermeiden, was dieses unbewußte Vertrauen stören könnte. Dabei sind Einzelhandlungen der Mutter noch gar nicht so entscheidend wie die Forderung, daß sie immer für das Kind dasein soll. Bei primitiven Völkern tragen deshalb die Mütter ihre Säuglinge dauernd auf dem Rükken mit sich herum; auch in manchen Kulturvölkern gibt es strikte Verbote, Säuglinge und Kleinkinder allein in der Wohnung zurückzulassen. Mögen diese Sitten und Verordnungen ihren Ausgangspunkt in rein äußeren Gefahren haben, die man vom Kind fernhalten will, so haben sie doch auch psychologisch ihren eindeutigen Sinn.

Ein Ereignis in dieser Zeit, das deutliche Nachwirkungen haben kann, ist das Abstillen. Es fällt meist in das erste Lebensjahr und bedeutet die endgültige Trennung von der Mutter. Solange der

Säugling noch am Körper der Mutter trinken kann und von ihr direkt ernährt wird, besteht eine ungleich innigere Bindung als nachher. Diese Trennung muß früher oder später selbstverständlich erfolgen. Es ist aber wesentlich, daß sie allmählich vor sich geht und nicht schockartige Wirkungen hinterläßt. Wenn ein solcher Schock zustande kommt, reagiert das Kind im allgemeinen mit verschiedenen Störungen, die vor allem die Nahrungsaufnahme betreffen, etwa die Verweigerung der festen Nahrung, die Verweigerung des Kauens, des Herunterschluckens oder der Nahrung im ganzen. Letzten Endes geht es hier darum, daß es die enge Bindung zur Mutter nicht aufgeben will. Ein Kleinkind wird diese Trennung am besten verarbeiten, wenn sie allmählich vor sich geht. Deshalb wird es zweckmäßig sein, neben dem Saugen an der Mutterbrust schon feste Nahrung zu verabfolgen und so ein allmähliches Abstillen zu ermöglichen.

In diesen zwölf Monaten des ersten Jahres ist eine außerordentliche Entwicklungsspanne durchschritten worden. Aus dem rein instinktmäßig und reflexartig handelnden Neugeborenen ist ein Kind geworden, das ein selbständiges Wesen mit eigenem Verstehen und den Ansätzen eines eigenen Willens darstellt. Man geht sicher nicht fehl in der Annahme, daß diese Entwicklung, die das Kind im ersten Lebensjahr durchmacht, derjenigen Entwicklung entspricht, die der Mensch in seiner Menschheitsgeschichte selbst durchgemacht hat (Biogenetisches Grundgesetz).

Ausweitung des Lebensraumes. – Von diesem Zeitpunkt an verläuft die Entwicklung in etwas langsamerem Tempo. Die einzelnen seelischen Funktionen reifen allmählich aus. Gleichzeitig lernt das Kind seine Umgebung immer besser verstehen. Es übt sich durch den Umgang mit den Menschen und im Spiel darin, selbständige Handlungen zu vollziehen.

Ein kleiner Junge erklärte an seinem zweiten Geburtstag: »Ich will den getickten (gestickten) Anzug anziehen«, und er versuchte, seinen Willen mit dem entsprechenden Gebrüll durchzusetzen. Da es für jenen Sommeranzug aber zu kalt war, löste seine Mutter das Problem auf die einfache und sinnvolle Weise, daß sie ihn kurzerhand vor den Geburtstagstisch setzte. Der Eindruck der brennenden Lichter und des neuen Spielzeugs überwältigte ihn so, daß er den »getickten Anzug« vergaß. Diese kleine Episode zeigt deutlich, daß im Alter von zwei Jahren das Kind seine Kleidung unterscheidet und verschieden bewertet, daß der eigene Wille sich anschickt, bestimmte Ziele durchzusetzen, daß dieser Willensimpuls aber noch kurzlebig ist und sich durch andere Eindrücke leicht aufheben läßt.

Das zweijährige Kind ist leicht ansprechbar, es nimmt immer Neues in seiner Umgebung auf, es bewertet das Erlebte nach augenblicklichen Wünschen, Gefühlen und Einstellungen, und es versucht, eigene Willensimpulse zu verwirklichen. Es braucht viele Anregungen von der Umwelt.

Es kommt vor, daß Kinder manche Tätigkeiten viel später »lernen«, als es ihrem Können entsprechen würde. Ein kleiner Junge kam erst dann darauf, auf einen Sessel zu kriechen, als er von einem Gleichaltrigen besucht wurde, der es ihm vormachte. Es bereitete ihm überhaupt keine Schwierigkeiten, aber er war nicht »darauf gekommen«, weil die Erwachsenen ihm dafür kein Vorbild abgegeben hatten. Deshalb ist es auch nicht entscheidend, in welchem Alter Kinder die einzelnen Fähigkeiten beherrschen, wenn nur die Gesamtentwicklung ohne Sprünge verläuft. Diese geht jetzt darauf aus, den Lebensraum immer mehr auszuweiten und immer mehr Tätigkeiten selbständig durchzuführen. Dabei wird das Interesse an der Umwelt stärker. Der Bereich, der zur unmittelbaren Umwelt gehört, wird größer, und das Kind lernt, sich in diesem Rahmen einigermaßen selbständig zu bewegen.

Es braucht immer noch die Hilfe der Erwachsenen und »Nestwärme«, in der es das Gefühl der Geborgenheit und der Sicherheit hat. Es wäre sicherlich falsch, ihm in diesem Stadium der Entwicklung zuviel zuzumuten. Jetzt lebt das Kind völlig im Augenblick. Es hat keine bewußten Rückerinnerungen an vergangene Zeiten und macht sich keine Gedanken um die Zukunft. Ein Gedächtnis in unserem Sinne tritt erst im dritten Jahr in Erscheinung. Der Zweijährige kann sich etwa an die letzten vierundzwanzig Stunden erinnern; diese Zeitspanne dehnt sich im Laufe der weiteren Entwicklung aus. Damit wird das Erlebnis eines echten Zusammenhangs vom Gestern über das Heute zum Morgen eingespielt, was für die Besonderheit des Denkens von wesentlicher Bedeutung ist. Schöpferisch-aufbauende Züge treten im Spiel auf. Es entstehen Spiele, die auf den gesellschaftlichen Zusammenhang der Menschen untereinander abgestimmt sind.

Das Kind beim Spiel. – Die ersten Spiele gehen auf Betätigung der Sinnesorgane aus. Das Kind bewegt die Klapper und freut sich an dem Geräusch. Gleichzeitig wird einem elementaren Bewegungsbedürfnis stattgegeben: Der Anreiz »Bewegung« bleibt auch beim Werfen (das Kind wirft das Spielzeug aus dem Bett oder Laufstall hinaus), beim Greifen (bei den ersten Ballspielen) und bei den einfachsten Laufspielen erhalten. Dann kommt die Freude an der Geschicklichkeit hinzu, und schließlich reizt der Nachahmungstrieb zum spielerischen Nachmachen des Tuns der Erwachsenen.

In den ersten Jahren erstreckt sich dieses »Nachmachen« vorwiegend auf die Betätigung im Haushalt. Das Kind sieht der Mutter zu, wie sie mit dem Staubsauger das Zimmer reinigt, und anschließend spielt es auch »Staubsaugen«. Dazu benötigt es keineswegs einen Staubsauger, sondern nur irgendeinen länglichen Gegenstand, wobei das charakteristische Geräusch mit dem eigenen Mund nachgemacht wird. Der Sinn solcher Spiele liegt darin, die vegetativen Funktionen zu üben; das führt zur Beherrschung aller Handlungsabläufe, die im Leben notwendig werden. Deshalb ist Spiel für das Kind auch absolut notwendig. Es kann sich nur im Spiel gesund entwickeln, und wenn man den Spieltrieb des Kindes unterdrückt, nimmt man ihm entscheidende Entwicklungsmöglichkeiten.

Diese Entwicklungsmöglichkeiten beziehen sich besonders auf solche Spiele, die das Kind im Zusammenwirken mit anderen Menschen durchführt. Hier kommt zur spielerischen Übung der Funktionen das Erlernen menschlicher Verhaltensweisen hinzu. Das Kleinkind ist ausgesprochen egozentrisch orientiert. Es erlebt sich selbst als Mittelpunkt und denkt nur von sich aus und auf sich bezogen. In der Begegnung mit anderen Menschen erfährt es allmählich, daß diese auch ihre eigenen Wünsche und Absichten haben, die respektiert werden müssen. Dieses Erleben ist verschieden geartet, je nachdem, ob es sich aus dem Zusammenleben mit Erwachsenen oder mit Kindern ergibt. Die ersten gemeinsamen Spiele der Kleinkinder sind »sozial« – also im Hinblick auf die gegenseitigen mitmenschlichen Beziehungen – noch sehr wenig ausgerichtet. Die Kleinen laufen umeinander, berühren sich, fassen sich an und geraten dabei in ein vergnügtes Schreien. Das Zusammensein ist ihnen der Hauptgenuß dabei. Das ist auch nicht viel anders, wenn sie zusammen sitzen und spielen. Jedes tut dann etwas für sich, es kommt noch kein zielgerichtetes gemeinsames Handeln zustande; trotzdem wird dieses Zusammensein als lustbetont empfunden.

So verlangte ein kleiner Junge, der als Einzelkind heranwuchs, nachdrücklich »anner Kinner« (andere Kinder), weil ihm alle noch so ergiebigen Spielmöglichkeiten allein oder mit Erwachsenen nicht das echte Erlebnis der Gemeinsamkeit bringen konnten. Daraus entsteht im Laufe der weiteren Entwicklung ein sinnvolles Rollenspiel, bei dem die menschlichen Beziehungen und die Begegnungen der Erwachsenen nachgemacht und variiert und dabei eigene Verhaltensweisen eingeübt werden. In diesen Spielen erlebt das Kind die Welt der Erwachsenen noch einmal und baut sich seine eigene Welt – nun nicht mehr rein passiv aufnehmend, sondern selbst gestaltend.

Das Denken des Kindes. – Das Denken des Kleinkindes unterscheidet sich sehr wesentlich von dem des Erwachsenen. Es ist ganzheitlich und nicht zergliedernd, und es besteht noch keine scharfe Trennung zwischen Phantasie und Wirklichkeit. Die Dinge erscheinen nicht als feststehende Realitäten, sondern erhalten ihre Bedeutung aus der Phantasie und können bald diese und bald jene Wertung erfahren. Der Bauklotz war eben noch ein Staubsauger, jetzt ist er eine Hexe, und zwar ist er es wirklich und wird nicht nur dafür ausgegeben. »Vati, nimm die Hexe weg, ich kann sie nicht anfassen«, sagte ein vierjähriges Mädchen, als es mit drei Streichhölzern spielte. Das eine war eine Hexe geworden. Ebenso ist in der frühen Kindheit alles belebt, alle Gegenstände erscheinen vermenschlicht.

Der Stuhl ist böse, an dem man sich eben gestoßen hat, und er wird gestraft, wie das Kind auch bereits Strafe für böses Tun erlebt hat. Der kleine Junge steht vor dem Schrank, auf dem ein Koffer liegt, den er als Spielzeug begehrt. Es ist ein magisches Denken, wenn er dabei immer wieder sagt: »Ach, Koffer, Koffer, komm.« Für ihn ist das kein Scherz; er glaubt wirklich, der Koffer ließe sich durch diese beschwörende Ansprache zum Herabkommen veranlassen.

Auf dieser Frühstufe hat das Denken des Kindes viel Ähnlichkeit mit dem Denken des primitiven Menschen, und wieder drängt sich die Folgerung auf, daß das Kind in großen Zügen dieselben Entwicklungsstufen durchmacht, wie sie die Menschheit im Laufe ihrer

Geschichte durchschritten hat. Nur geht diese Entwicklung jetzt sehr schnell vor sich.

In der sprachlichen Entfaltung können wir den Fortschritt des Denkvermögens besonders gut verfolgen. Zuerst wird ein umfassender Tatbestand mit einem Wort gekennzeichnet. Dieses Wort bedeutet Begriff, Absicht, Tätigkeit und Stellungnahme dazu in einem. Das Kind sagt mit ängstlicher Stimme: »Wauwau«. Damit ist der Begriff »Hund« erfaßt, er wird als etwas Bedrohendes, das dem Kind naht, erlebt und enthält außerdem das Bedürfnis nach Schutz. Wort und Klangbild allein kennzeichnen einen vielschichtigen Zusammenhang. Dann werden mehrere Wörter zusammengestellt, zuerst nur Hauptwörter, dann Hauptwörter und Eigenschaftswörter, schließlich kommen die Tätigkeitswörter hinzu, womit die erste Satzbildung vollzogen ist. »Hund beißt Bubi«, das gilt für »der Hund will mich beißen«. Dieser Satz ist noch unvollständig, aber er ist verständlich und bedeutet gegenüber dem ersten »Wauwau« bereits eine höhere Entwicklungsstufe im Denken und Sprechen. Man rechnet im allgemeinen, daß ein Kind mit zweieinhalb Jahren etwa dreihundert Wörter beherrscht und diese in sinnvoller Kombination anzuwenden weiß.

Das Fragealter. – Während in den ersten drei Lebensjahren die Sprache im wesentlichen zur Wiedergabe des Erlebten und Erfahrenen dient, beginnt im vierten Lebensjahr das eigentliche Fragealter. Das Kind hat auch vorher bereits gefragt, wenn es beispielsweise einen Gegenstand in die Hand nahm: »Was ist das?« Jetzt aber entstehen die Warumfragen: Warum ist es im Winter kalt? Warum ist die Blume rot? Warum scheint nachts der Mond? Diese Fragen werden bis zum Überdruß der Erwachsenen fortgesetzt.

Die kleinen Frager können die Erwachsenen auch in erhebliche Verlegenheit bringen, bis diese es sich leichtmachen mit der Antwort: »Frag nicht so dumm!« Aber die Fragen des Kindes zeigen, daß es durch reges Denken auf den Grund der Dinge kommen will; es möchte sich nicht mehr mit der Beobachtung der äußeren Erscheinungen zufriedengeben, sondern in der Erforschung des ursächlichen Zusammenhanges einen merklichen Schritt in der Eroberung seiner Welt weitergehen. Deshalb wird es auch Antworten erhalten müssen, wenn man aus diesem spielerischen Fragen zu einer echten Auseinandersetzung mit der Welt überleiten will. Man wird auch nicht enttäuscht sein dürfen, wenn das Kind viele vernünftige Antworten und Begründungen wieder vergißt. Noch ist das Gedächtnis kurz und der Überblick über die Lebenserscheinungen unvollständig (und bei welchem Erwachsenen wäre er schon vollständig?). Das Kind lernt auch, daß man nicht jede Frage stellen darf. Wenn der Vierjährige in der Eisenbahn unbekümmert einen Herrn fragt: »Onkel, warum hast du keine Haare?«, dann wird er lernen müssen, daß es menschliche Dinge gibt, nach denen man nicht fragen soll.

Im übrigen ist das Kind in dieser Zeit sehr beeinflußbar. Es übernimmt die Meinungen, Urteile und Wertungen der Erwachsenen sehr schnell und unkritisch. Es ist noch sehr egozentrisch eingestellt, es handelt so, als ob es ganz selbstverständlich im Mittelpunkt stünde und alles sich um seine Person drehen müsse. Es vermag noch nicht ein richtiges Verhältnis zum anderen Menschen herzustellen und erlebt alle Eingriffe in diese Mittelpunktstellung als schwerwiegend. Das ist zum Beispiel der Fall, wenn ein zweites Kind geboren wird, das von den Eltern dem ersten Kind nicht entsprechend nahegebracht wird. Es entsteht dann das Gefühl, daß dieses neugeborene Kind den Eltern im Augenblick wichtiger sei als es selbst. Das ältere Kind pflegt darauf ausgesprochen negativ zu reagieren.

Das Trotzalter. – Im vierten Lebensjahr beginnt sich deutlich ein selbständiger Wille zu melden. Wir kennen diese Phase als die des ersten Trotzalters. Dieser Trotz bedeutet nur, daß das Kind sich anschickt, einen eigenen Willensentschluß durchzuhalten. Da ernste Aufgaben, an denen sich der Wille erproben könnte, nicht vorhanden sind, versucht er sich gegenüber den Anordnungen der Erwachsenen. Hier taucht erstmalig eine kritische Phase in der elterlichen Erziehung auf, und zwar deshalb, weil es ebenso sinnlos ist, diesen Trotz mit Gewalt zu brechen, wie unrichtig, ihm ohne Bedenken nachzugeben. Man wird verstehen müssen, daß sich das Kind gezwungen sieht, seine eigenen Willensentschlüsse durchzuprobieren, und daß man ihm dafür eine gewisse Chance geben muß; andererseits kann man aber auch nicht auf die Befolgung wichtiger Vorschriften verzichten. Wenn man diesem eigenwilligen Wollen und Streben ohne weiteres nachgibt, tut man dem Kind keinen Gefallen, weil dann ja der eigentliche Sinn des Trotzes, die Erprobung des eigenen Willensentschlusses an dem Widerstand des Mitmenschen, gar nicht mehr möglich ist.

Eine Fülle von Erlebnissen und Erfahrungen bewegt das Kind in diesen ersten Jahren seines bewußten Lebens. Es lernt im Spiel und im Umgang mit anderen Menschen, sich in seiner engeren Umwelt sinnvoll und richtig zu verhalten. Ein Kind muß das so weit lernen, daß es beim Beginn der Schulzeit im sechsten Lebensjahr die notwendige Reife hat, um sich selbständig bewegen und behaupten zu können. So wichtig auf diesem Entwicklungsweg das Spiel und die Eltern sind, so reichen sie doch allein nicht aus. Zum Spiel muß ganz langsam und allmählich die Pflicht treten, und die Erfahrungen mit den Eltern und bekannten Erwachsenen müssen durch solche mit Altersgenossen ergänzt werden.

Pflichten des Kindes. – Für das Verständnis der Pflicht gibt es im Leben der Familie und des Haushalts genügend Ansatzpunkte. Das normale Kind ist im fünften und sechsten Lebensjahr durchaus in der Lage, im Haushalt mitzuhelfen, ja, es tut das auch gern, weil es darin eine Bewährung seines Könnens sieht. Es ist wichtig, daß ihm solche Pflichten bewußt gemacht werden, wobei der Übergang von dem reinen Spiel zum allmählichen Ernst zwanglos erfolgen soll.

Welche Pflichten kann ein fünf- bis sechsjähriges Kind erfüllen? Es kann etwa, wenn die Verkehrsverhältnisse in einer stillen Straße das erlauben, bereits kleine Einkäufe bei einem bekannten Kaufmann machen; es kann durch kleine Handreichungen in der Küche helfen, vielleicht, indem es nicht zerschlagbares oder weniger wertvolles Geschirr abtrocknet; es kann Briefe zum Briefkasten tragen und auf kleinere Geschwister achtgeben. In ländlichen Verhältnissen darf es natürlich die Hühner füttern und die Gänse hüten, aber leider ist dieses Erlebnis des Umgangs mit Tieren den meisten Kindern heute versagt. An solchen Tätigkeiten erfährt es, was Aufgabe und Pflicht ist; es lernt, daß man auch Dinge tun muß, die nicht unbedingt der Neigung entsprechen, und es erlebt, daß in der guten Erfüllung dieser Aufgaben auch eine persönliche Befriedigung liegt.

Einordnung in die Gemeinschaft. – Darüber hinaus muß das Kind in dieser Phase der ersten Jahre schon in die gesellschaftliche Ordnung hineinwachsen, die durch unseren modernen Kulturkreis gegeben ist. Eine Anpassung an diese von der Gesellschaft verlangte

Ordnung gelingt ihm meist ohne Schwierigkeit, auch wenn es die Gesellschaftsnormen noch nicht verstehen kann.

Im allgemeinen erreicht das Kind im vierten bis fünften Lebensjahr einen Entwicklungsstand, der es gestattet, daß es sich in die Gemeinschaft anderer Kinder begibt, sich in dieser Gemeinschaft behauptet und dabei doch vernünftig einfügt. Es ist das eigentliche Kindergartenalter, in dem die Kinder auch für ihre Weiterentwicklung und für das Spiel einen Partner brauchen. Wenn also keine Geschwister vorhanden sind, dann ist die Einordnung in eine Spielgruppe, etwa die des Kindergartens, durchaus sinnvoll.

Das Kind ist jetzt in der Lage, den anderen so weit zu verstehen, daß wir es zur Rücksichtnahme und zur Anpassung erziehen können. Der Kindergarten ist der eine Lebenskreis, in dem das Kind zu leben vermag; der andere ist nach wie vor die Familie, auch wenn es nur eine sehr kleine Familie ist, auch wenn das Kind keine Geschwister hat.

Überforderung und Vereinsamung. – Peter war fünf Jahre alt. Sein Vater hatte eine längere Krankheit durchgemacht und dabei seine Stelle verloren. Die Mutter hatte als kaufmännische Angestellte gearbeitet und mit dem Ertrag ihrer Arbeit die Familie unterhalten. Bisher war der Vater – noch nicht wieder arbeitsfähig – zu Hause gewesen und hatte für Peter und seine zweijährige Schwester den ruhenden Pol ihres Lebens bedeutet. Jetzt hatte der Vater wieder zu arbeiten begonnen. Da er sich noch schonen und in vieler Hinsicht neu beginnen mußte, verdiente er nicht viel Geld, so daß die Mutter ihre Arbeit noch nicht aufgeben konnte, zumal auch manche bisher zurückgestellten Ausgaben notwendig wurden. So wurde die kleine Schwester vorübergehend zu Verwandten gegeben. Peter selbst ging morgens in einen Kindergarten, wo er auch sein Mittagessen bekam. Um 14 Uhr verließ er den Kindergarten, bewaffnet mit einem Schlüssel zur elterlichen Wohnung, um nach Hause zu gehen und eventuell noch auf dem nahe liegenden Spielplatz zu spielen. Die Eltern sahen keine andere Möglichkeit und meinten, daß man es Peter auch zumuten könne, die drei Stunden, bis der Vater nach Hause kam, allein zu verbringen, zumal er verständig war und man nicht Sorge zu haben brauchte, daß er etwas Unrechtes tun würde. Peter tat auch nichts Unerlaubtes, aber diese Zeit des Alleinseins wurde ihm schrecklich lang. Er war nicht sehr robust, sondern eher ein zartes und sensibles Kind. So fand er auf dem Spielplatz keinen Anschluß. Er wartete zuerst in der Wohnung – etwas traurig und verlassen – auf den Vater, dann verlegte er das Warten nach draußen, er fing immer früher mit dem Warten an und stand schließlich schon eine Stunde vorher an der Straßenecke, wo er den Vater kommen wußte. Aber nach einiger Zeit merkte er, daß der Vater müde nach Hause kam, daß er vor allem das Bedürfnis hatte, sich erst einmal für einige Zeit hinzulegen und auszuruhen, und so verlegte Peter sein Warten auf die Mutter. Die kam noch eine Stunde später, und das Warten wurde immer länger. Zwar war die Freude groß, wenn dann die Mutter endlich erschien, aber vorher hatte sich das Gefühl der Verlassenheit bei ihm festgesetzt, das mit der Zeit immer stärker wurde und auch durch die Freude des Wiedersehens nicht behoben werden konnte. Die Folge war eine wachsende Unsicherheit und ein gestörtes Selbstvertrauen. Sein Bedürfnis nach Geborgenheit war nicht befriedigt, und seine Möglichkeit, die Liebe der Eltern unmittelbar dann zu spüren, wenn er sie brauchte, war erheblich reduziert.

Die Arbeitssituation der Eltern war nicht zu ändern, weil hier ein schicksalhaftes Geschehen eingegriffen hatte, aber vielleicht hätte man doch die Dinge etwas anders regeln können, um die Belastungen der kindlichen Seele geringer zu halten.

Der Kindergarten wird für das Kind die »Außenwelt« sein, in die es zeitweilig hinaustritt, in der es sich behaupten und bewähren kann. Es muß dann aber wieder in die Geborgenheit des Heims zurücktreten können. Sicherheit und Geborgenheit muß es in jedem Fall in der Familie finden. Das ist als Ausgleich notwendig, weil sonst die Anforderungen an die kindliche Standfestigkeit zu groß werden und eher ein Versagen als eine vorzeitige Reifung eintritt.

Dieser erste Lebensabschnitt ist für das Kind von großer Bedeutung, denn von der Entwicklung in dieser Zeit hängt es ab, ob es »schulreif«, also den ganz neuen Anforderungen der Schule gewachsen sein wird, die eines Tages in das Leben des Kindes eingreift und völlig neue Berührungspunkte schafft.

Der Schulbeginn

Die neue Lebenssituation. – Wenn das Kind in die Schule kommt, treten andere Interessen und neue Anregungen auf, die Erlebniswelt verlagert sich mehr und mehr nach draußen, und die Bindungen an das elterliche Haus werden geringer. Pflichten müssen erfüllt, Arbeit muß geleistet werden. Tadel und Strafe treten neben Lob und Selbständigkeit stärker als bisher als wesentliche Erlebnisse auf. Ein neues Lebensgefühl entsteht, das nicht mehr so stark von den Eltern abhängig ist. Aber es treten auch neue Sorgen auf, und diese müssen verarbeitet werden. Dabei braucht das Kind die Hilfe der Eltern und deren liebevolles Verständnis nicht weniger als früher. Zwar müssen die Eltern mehr Forderungen stellen und dürfen nicht zulassen, daß das Kind den Weg des geringsten Widerstandes geht; sie müssen es an Arbeit und Pflichterfüllung gewöhnen, auch wenn diese einmal weniger angenehm sind. Um so mehr ist es aber nötig, dem Kind das Gefühl zu geben, daß hinter aller Strenge die Liebe steht und daß es sich in entscheidenden Fragen immer auf die Eltern verlassen kann. Es braucht auch jetzt noch den Schutz und die Rückendeckung durch die stärkeren Eltern, es braucht das Bewußtsein, ernsthaft geliebt zu werden.

Was erwartet das Kind von der Schule? – Die Zuwendung der Kinder zur Schule ist sehr unterschiedlich: Einige freuen sich auf die neuen Aufgaben und Möglichkeiten, andere haben Angst vor der Schule. Die Einstellung des einzelnen Kindes hängt ganz davon ab, wie es von den Eltern für diesen neuen Lebensabschnitt vorbereitet wurde. Ein gesund entwickeltes Kind muß mit einer positiven Einstellung die Schule beginnen.

Mit Schulbeginn treten neue Anforderungen an das Kind heran. Zuerst einmal wird es angehalten, sich längere Zeit zusammenhängend mit einer Aufgabe zu beschäftigen. Es muß sich also konzentrieren, sein Interesse und seinen Willen auf einen Punkt sammeln und ausrichten.

Das fällt – gerade in der heutigen Zeit – vielen Kindern sehr schwer. Bisher haben sie sich spielerisch jeweils dem zuwenden können, was ihnen gerade einfiel und Spaß machte, wenn die Eltern durch kleine Aufgaben und Pflichten nicht schon die Gewöhnung an die Konzentration eingeleitet haben.

Im Übergang zwischen Spiel und Ernst muß das Kind allmählich lernen, sich in einen Zusammenhang zu vertiefen und in seinem Denken zielbewußt vorzugehen.

Konzentration. – Die Konzentration der Kinder ist heute vielfach dadurch erschwert, daß am Tage und oft auch noch in der Nacht Störreize anregend und ablenkend wirken. Fritz legt in der Schule einen Entschuldigungszettel vor, auf dem der erstaunte Lehrer liest: »Mein Sohn Fritz konnte gestern seine Rechenaufgaben nicht machen, weil unser Radio kaputt ist.« Auf Befragen erzählt fast die Hälfte der Klasse, daß sie es gewohnt sei, während der Schularbeiten Radiomusik zu hören. Die Eltern sind sich offensichtlich nicht darüber im klaren, daß so etwas auf die Kinder ablenkend wirkt, daß eine Erziehung zur Konzentration im allgemeinen dabei kaum möglich ist. Allerdings ist es nicht nur das Radio, das als Ablenkungsfaktor wirksam werden kann und das für das Kind eine starke Anziehungskraft hat.

Die Kinder werden mit einer Fülle von Reizen überschüttet, die einer ruhigen Entwicklung nicht förderlich sind: Die Lichtreklame, das Kino, der Rundfunk, das Fernsehen, der Straßenlärm, alles wirkt aufregend und beunruhigend. Für eine gesunde Entwicklung des Kindes ist es notwendig, daß die Eltern diese Einwirkungen nur mit Maßen an das Kind herantreten lassen. Jedenfalls muß das Kind in der Schule allmählich lernen, sich in einen Zusammenhang zu vertiefen, einen Gedanken zu Ende zu denken und sich nicht mit einer ungefähren oder oberflächlichen Lösung zu begnügen. Die Erziehung zur Konzentration im Denken und Tun bedeutet gleichzeitig auch ein Willenstraining, sie bedeutet eine Übung im »Sich-Zusammennehmen«, und das ist für die spätere Bewährung im Leben und im Beruf besonders wichtig.

Vom Spiel zu Arbeit und Leistung. – Konzentrationsübungen sollen vorerst allerdings nur kurzfristig und mit einer Anlehnung an das Spiel verlangt werden. Der Übergang vom Spiel zum Ernst ergibt sich für das Kind meist unmerklich. Aber während das Spiel zweckfrei ist und in sich selbst seinen Sinn findet, ist schon die spie-

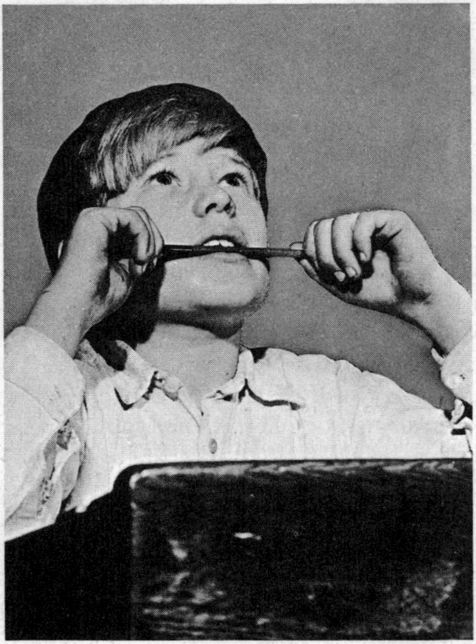

Die Schule

»Wenn man nur wüßte, wie es weitergeht!« – Die Prüfungen werden entscheiden, welcher Schulzweig den Leistungen des Zwölfjährigen entspricht.

lerische Arbeit auf ein Ziel ausgerichtet und wird nach Erfolg und Mißerfolg beurteilt.

So orientiert sich das Kind allmählich an der Leistung, bis es ihm zur Selbstverständlichkeit wird, Leistungen – zuerst Schulleistungen – sachgemäß zu vollbringen. Durch Lob und Tadel erfährt es, den Wert der Leistung einzuschätzen. Und es lernt auch, die eigene Leistung mit denen der Gleichaltrigen zu vergleichen. Das alles sind notwendige Entwicklungsschritte, die die Einordnung in unsere Kultur, die auf Leistung beruht, ermöglichen. Deshalb müssen Arbeit und Leistung des Kindes auch von den Eltern ernst genommen werden. Dabei darf das Kind jedoch nicht überfordert werden.

Was »kann« das Sechsjährige? – Wenn ein Kind von sechs Jahren ein Bild betrachtet, muß es in der Lage sein, das Dargestellte sinnvoll zu beschreiben.

Es muß einen Satz von etwa sechzehn Silben genau nachsprechen können, also etwa den Satz: »Vater ging mit meiner Schwester zum Kaufmann, um Brot zu kaufen.«

Es muß drei auf einmal gegebene Aufträge richtig ausführen, etwa: Die Zeitung aus dem Briefkasten holen, den Besen in die Besenkammer stellen und Kartoffeln aus dem Keller holen. Es muß in der Lage sein, ein in der Diagonale auseinandergeschnittenes Rechteck wieder richtig zusammenzusetzen.

Was »kann« das Kind mit sechs Jahren? – Ein normal entwickeltes Sechsjähriges ist in der Lage, ein diagonal auseinandergeschnittenes Rechteck wieder zusammenzusetzen.

Im Sprechen verwendet es noch einfache Sätze, die Konstruktion von Haupt- und Nebensätzen setzt erst später ein. Es sagt also nicht: »Als ich von der Schule nach Hause kam, begegnete mir ein Hund, der einen Knochen vergraben wollte«, sondern es sagt: »Ich kam aus der Schule nach Hause. Da traf ich einen Hund. Der hatte einen Knochen, den wollte er vergraben.« In seinem Denken ist es noch wenig selbständig, es begnügt sich meist damit, Urteile nachzuvollziehen, die es von den Erwachsenen übernommen hat.

In diesem Alter ist es sehr aufnahmebereit. Es ist gutgläubig im positiven Sinne und stets bereit, alles, was die Erwachsenen übermitteln, als selbstverständlich und richtig anzuerkennen.

Beziehungen zu anderen Menschen. – In seinen Beziehungen zu anderen Menschen und vor allem zu Gleichaltrigen wird das Kind weitgehend von dem bestimmt, was es in der eigenen Familie erfahren und gelernt hat. Deshalb ist der Start bei Schulbeginn für die einzelnen Kinder einer Klasse sehr ungleich. Ist das Kind mit anderen Geschwistern groß geworden, so hat es durch den täglichen Umgang mit ihnen gelernt, daß man Rücksicht nehmen muß, daß man nicht der Mittelpunkt ist, daß die Geschwister auch einen eigenen Willen haben, daß man mit seinen Absichten nicht immer durchkommt, daß man Widerstände überwinden muß, daß man gelegentlich aber auch gezwungen ist, sie als unübersteigbare Grenzen anzuerkennen. Das alles sind Erfahrungen, die dem Kind jetzt zugute kommen. Wenn es als Einzelkind groß geworden ist, kann es leicht mit einer etwas schiefen Sicht die Einordnung in die Klassengemeinschaft beginnen. Schließlich hängt es wieder von den Eltern ab, ob sie dem Einzelkind zeitig genug den Zugang zu einer kindlichen Gemeinschaft – über Freunde oder über den Kindergarten – ermöglicht haben. Wenn das Kind wirklich ganz allein und nur mit Erwachsenen groß geworden ist, dann entsteht leicht das, was wir als »altklug« bezeichnen, eine Denk- und Verhaltensweise, die sich allzusehr nach den Maßstäben der Erwachsenen richtet, die in diesem Alter eben doch nicht immer die Maßstäbe des Kindes sein dürfen.

Im allgemeinen vollzieht sich aber der Anpassungsvorgang in der Schule ohne große Schwierigkeiten. Dabei entsteht in der Klasse eine mehr oder weniger deutliche Rangordnung der Kinder untereinander. Es gibt beliebte Kinder – bis zur Rolle des ausgesprochenen Stars – und es gibt Außenseiter, die gelegentlich sehr unter ihrer Rolle leiden.

Im weiteren Verlauf der vier Grundschuljahre sind zwei Linien nebeneinander zu verfolgen: Die eine betrifft die Ausbildung der seelischen Funktionen, des Denkens, der Beobachtung, des Gedächtnisses, die andere die der motorischen Funktionen (etwa im Schreiben oder beim Turnen).

Das Kind mit zehn Jahren. – Das zehnjährige Kind muß in seinem Denken so weit fortgeschritten sein, daß es Oberbegriffe bilden kann, also für Rose und Veilchen den Oberbegriff »Blume«, für Mark und Pfennig den Oberbegriff »Geld«. Es muß aus einer gelesenen Zeitungsnotiz mindestens sechs Einzelheiten angeben können. Es muß einen Satz von sechsundzwanzig Silben oder sechs Ziffern nachsprechen können, ohne dabei Fehler zu machen. Es muß sich im praktischen Leben bewegen, einkaufen können und wissen, wieviel Geld man bei nicht zu hohen Summen herausbekommt. Es muß auch einfache Verstandesfragen sicher bewältigen, etwa die Frage: Was muß man machen, wenn man etwas entzweigemacht hat, das einem nicht gehört? Warum entschuldigt man eine Tat, die im Zorn ausgeführt worden ist?

Eine weitere Entwicklungslinie betrifft die Persönlichkeitsentwicklung im Verhältnis zur mitmenschlichen Umwelt. Das Kind löst sich immer weiter vom Erwachsenen, seine Selbständigkeit nimmt zu. Während die Kinder im ersten Schuljahr noch die Hilfe des Lehrers brauchen, wobei sie mit zahllosen Fragen: Was soll ich tun? an den Lehrer herantreten, haben sie am Ende der Grundschulzeit ein gefestigtes Bewußtsein ihres Könnens und ihrer Fähigkeit zur Lebensmeisterung.

Einordnung in die Klasse. – Als der achtjährige Hans nach dem Umzug seiner Eltern in eine neue Stadt die Schule betreten hatte, war er seinem Lehrer nicht aufgefallen. Seine Leistungen waren ordentlich, sein Verhalten gab zu Tadel keinen Anlaß. Der Lehrer merkte nicht, daß zwischen den Schulstunden ein ernstes Ringen innerhalb der Gemeinschaft seiner Klasse ausgetragen wurde, das für den kleinen Hans von großer Bedeutung war. Es ging um seine Stellung innerhalb der unausgesprochenen, aber bedeutsamen und wirkungsvollen sozialen Ordnung in der Schülergruppe. Auch die Eltern von Hans merkten davon kaum etwas, und sie konnten mit einem gewissen Recht die etwas geringere Sicherheit des Jungen der Schule gegenüber als eine vorübergehende Anpassungs- und Eingewöhnungsschwierigkeit auffassen.

Erst nach längerer Zeit, als für ihn die Probleme gelöst waren, berichtete der kleine Hans von seiner Auseinandersetzung mit der Klassengemeinschaft. Die Klasse hatte ihn mit dem Schmähruf »Sitzenbleiber« abgewertet. Das ist bei den Kleinen verständlich, weil es für sie eine naheliegende Begründung für das Auftauchen eines »Neuen« ist. Aber der Vorgang wäre auch bei größeren Schülern ähnlich gewesen, weil dahinter die unbewußte Absicht steht, dem Neuen den letzten Platz in der Rangordnung der Klasse zuzuweisen. Sie hätten dafür schon einen anderen Grund gefunden. Die Schmähung kränkte den kleinen Hans besonders, weil er auf seiner früheren Schule ein guter Schüler gewesen war, weil er Ehrgeiz besaß und bisher auch die erwartete Anerkennung bei den Kameraden gefunden hatte. Da er über kräftige Antriebe verfügte, mußte er sich eines Tages zur Wehr setzen und den Kampf, der dann entstand, austragen. So geschah es dann auch, als wieder die abwertende Bemerkung fiel. Er ging zum Angriff über, und zwar, gemäß seinen bisherigen Erfahrungen und persönlichen Erwartungen, gegen den »Frechsten« der Klasse, also denjenigen, der in der Klassengemeinschaft am meisten zu sagen hatte. Darauf nahm, wie nicht anders zu erwarten, die Klasse gegen ihn Partei und verfolgte ihn. »Da lief ich erst weg, machte dann einen Haken und haute dem Frechsten noch eine 'runter, und da ließen sie alle von mir ab.« Seitdem war die Stellung in der Klasse geklärt, seine alte Sicherheit wiederhergestellt und die Zahl der Freunde groß.

Man wird sagen: »Eine der üblichen kleinen Raufereien der Schüler, wie sie täglich vorkommen! Was bedeutet das schon?« – Doch wir haben es hier mit einem typischen, sozialpsychologisch bedeutsamen Vorgang zu tun, der für das fernere Leben eines solchen Jungen außerordentlich wichtig sein kann. Dabei soll man ruhig davon absehen, daß die Auseinandersetzung, der Altersstufe entsprechend, mit den Fäusten ausgetragen wurde. Das Problem und die Form seiner Lösung sind wahrscheinlich so alt wie die Menschheit selbst. Es handelt sich in unserem Beispiel um triebhafte Urbedürfnisse, wie sie bei jeder Gemeinschaftsbildung in Erscheinung treten.

Die Hackliste im Hühnerhof und die Rangordnung in der Klasse. Der folgend beschriebene Vorgang ist bereits vor dreißig Jahren in der Tierpsychologie von dem schwedischen Forscher Schjelderup-Ebbe erforscht worden; der deutsche Psychologe Katz hat damals die auffallende Parallele zum menschlichen Bereich aufgewiesen. Schjelderup-Ebbe fand, daß es in jedem Hühnerhof eine »Hackliste« gibt, die mindestens für längere Zeit festliegt und eine Rangordnung bedeutet, in der die Hühner innerhalb der Gemeinschaft stehen und sich dem Willen der anderen unterwerfen. Er konnte nachweisen, daß hierfür keineswegs allein die Körperkraft maßgebend war, sondern daß auch andere Faktoren, etwa das Temperament, eine Rolle spielen. Was geschieht, wenn ein neues Huhn in diese Gruppe gesetzt wird? Entweder läßt das neue Huhn es nicht zum Kampf kommen, sondern gibt sofort den anderen gegenüber nach. Dann erkennt es deren Überlegenheit an und rangiert in allen lebenswichtigen Fragen an letzter Stelle. Oder es nimmt den Kampf auf, bis ein Tier nachgibt und damit seine Stellung fixiert hat.

Hätte der kleine Hans den Kampf nicht aufgenommen, sondern nachgegeben, dann wäre er sehr schnell in eine untergeordnete und vom Willen des Anführers abhängige Stellung geraten. Er hätte zusätzlich noch mit anderen weniger »bedeutenden« Mitschülern um seine Stellung kämpfen müssen, bis seine Eingliederung vollzogen gewesen wäre.

Man muß sich klar darüber sein, daß alle diese Rangkämpfe unbewußt ablaufen – daher auch die auffallende Parallele zur Tierpsychologie –, daß sie aber keineswegs unwichtig sind. Handeln wir doch alle viel mehr aus dem Unbewußten heraus, als wir gemeinhin annehmen.

Wir müssen aber noch die weitere Frage stellen, welche Folgen sich ergeben hätten, wenn der kleine Hans seine Stellung nicht hätte erkämpfen können. Dann wäre er mehr oder weniger tief in der Rangfolge der Klasse abgerutscht und hätte auch noch die Hänseleien und Willkürlichkeiten der anderen ertragen müssen.

Das kann sehr üble Folgen haben, und zwar in doppelter Hinsicht: Einmal können die Leistungen erheblich nachlassen, bis sie den Möglichkeiten der Begabung keineswegs mehr entsprechen. Zum zweiten kann ein allgemeiner Widerwille gegen die Schule entstehen, der sich in Gehemmtheit und Interesselosigkeit auswirkt, da die Schule für den Schüler einer der wichtigsten Lebensbereiche ist. Daraus folgt unter Umständen, daß sich der Betreffende auf einen Kreis außerhalb der Schule zurückzieht und in der Schule ein Außenseiter mit schwierigem Verhalten wird. Der gesuchte Kreis ist dann meist der von kleineren Kindern, was mit Sicherheit zu Entwicklungshemmungen führt. Alle diese Fälle sind uns aus der Praxis genau bekannt.

Einflußmöglichkeiten des Lehrers. – Nun erwarten wir einen Einwand: Der Schüler kann ja durch seine Leistungen, ohne sich um die Kameraden viel zu kümmern, seine Anerkennung beim Lehrer erreichen. Sicher könnte er das, und es gibt tatsächlich vereinzelte Musterschüler, die die letzte Stelle in der Rangordnung der Klasse mit der ersten Stelle in der des Lehrers ausgleichen wollen. Aber die Achtung der Klasse, die der einzelne anstrebt, kann ihm der Lehrer nicht geben. Er kann auch nicht erreichen, daß die Auseinandersetzung ausbleibt und ein latenter Zustand (etwa der Gleichheit aller) aufrechterhalten wird, auch wenn man die Kämpfenden für den Augenblick trennt.

Gewiß wird der Lehrer dahingehend wirken, daß die Bindung aller an die gemeinsame Sache in den Vordergrund rückt. Aber auch die Teilnahme an der gemeinsamen Sache wird in einer unausgesprochenen und doch von den Schülern festgelegten Ordnung erfolgen.

Das einzige, was er wirklich erreichen kann, ist, daß die Auseinandersetzungen fair ausgetragen werden. Und auf jeden Fall muß er vermeiden, daß er selbst – vielleicht unbeabsichtigt oder in gutem Glauben – Partei in diesen Auseinandersetzungen nimmt. Durch diese Auseinandersetzungen werden entscheidende Grundlagen für das spätere Leben gelegt, da der Heranwachsende zur rechten Zeit lernt, wieviel er sich zutrauen und an welchem Platz er sich in die soziale Gemeinschaft einordnen kann.

Vom zehnten bis zum vierzehnten Lebensjahr

Erlebnis des Schulwechsels. – Die Zeit vom zehnten bis zum vierzehnten Lebensjahr bedeutet die letzte Phase der eigentlichen Kindheit. Sie endet mit der beginnenden Vorpubertät, die durch das Einsetzen der geschlechtlichen Reifung gekennzeichnet ist. Der Beginn dieser Phase ist für fast alle Kinder durch einen ersten Hinweis auf die spätere berufliche Entwicklung bestimmt. Bis zum zehnten Lebensjahr besuchen alle Kinder die Volksschule. Die Allgemeinbildung, die im Sicherobern einer materiellen und geistigen Welt besteht, füllt ihr Schuldasein aus.

Im normalen Entwicklungsgang soll das Kind jetzt gelernt haben, seine Schularbeiten selbständig ohne die Beaufsichtigung oder Hilfe von Erwachsenen zu erledigen, da die Anforderungen an die selbständige Leistung beim Lernen und bei der Verarbeitung des dargebotenen Stoffes nur ganz allmählich höher wurden. Ein wenig Wissensdrang kann vorausgesetzt werden, und die Selbständigkeit in der Erarbeitung wird bei richtiger Darbietung des Stoffes zunehmend größer. Zudem hat das Kind in den ersten vier Schuljahren beobachten gelernt.

In der Phase zwischen dem zehnten und zwölften Lebensjahr macht sich eine kritische Bewertung alles Beobachteten bemerkbar. Das Kind fragt nicht nur, um sich belehren zu lassen, sondern es denkt selbständig mit und bildet sich über das Beobachtete und Erfahrene ein kritisches Urteil. Diese Bereitschaft zur Kritik besteht nicht nur den allgemeinen Erscheinungen des Lebens, sondern in gleicher Weise den Erwachsenen, insbesondere den Eltern und Erziehern gegenüber. Der junge Mensch erkennt deren Autorität nicht mehr kritiklos an, wie es das Kleinkind tut, sondern es vergleicht die Forderungen der Erwachsenen mit deren eigenem Verhalten. Natürlich ist er noch nicht in der Lage, sich ein begründetes eigenes Urteil zu bilden; dazu dringen zu viele und zu gegensätzliche Reize auf ihn ein. Eine fallweise Entscheidung, stark vom jeweiligen Gefühlserlebnis her bestimmt, ist die notwendige Folge.

Oft ergibt sich aber eine merkliche Verstörung, wenn die Fülle der Beobachtungen und Erfahrungen nicht mehr bewältigt werden kann. Mit der Unsicherheit, die daraus entspringt, wird das Bedürfnis nach Selbstbehauptung angeregt. Auch in dieser Phase bedarf

Der Jugendliche an der Schwelle zum Beruf muß sich über seine Leistungsmöglichkeiten klarwerden. Hier entscheidet die von Psychologen durchgeführte Eignungsuntersuchung über die handwerklichen und gestalterischen Fähigkeiten des einzelnen.

das Kind wieder einer verständnisvollen und eindeutigen Führung. Denn bevor die Schwierigkeiten der beginnenden Pubertät auftreten, müssen Gewohnheiten eingespielt und Maßstäbe für das Verhalten festgelegt sein, die in den Zeiten mit einer stärkeren Selbstwertproblematik eine unbewußte Grundlage bilden können und eine zusätzliche Belastung ausschließen.

Kraftüberschuß braucht Betätigung. – Die Entwicklung zu einer größeren Selbständigkeit wird auch noch von der körperlichen Seite her angeregt. Es entsteht ein betontes Kraftgefühl, zum Teil ein ausgesprochener Kraftüberschuß, der ausgelebt werden muß und überall seine Betätigung sucht. Das kann nur in der Bewegung und im Handeln geschehen. Deshalb braucht das Kind die Möglichkeit des Spiels und darf in seiner Freizeit nicht zu sehr beschnitten werden. Die Spiele tragen nun oft einen eindeutigen Wettkampfcharakter. Das Kind will seine Kräfte mit anderen messen, es braucht den Erfolg im Wettkampf für die Selbstbestätigung. Wenn es in dieser Phase nur an den Schreibtisch und die Schulbücher gefesselt ist, stört man die normale Entwicklung. Ein Mehr an Wissen wird dann bezahlt mit einer Hemmung der seelischen Entwicklung.

Innerhalb der Selbstbestätigung im Spiel hat die Phantasie eine besondere Bedeutung. Sie läßt das Kind alle möglichen Rollen der Lebensbestätigung und der Lebensbewährung durchspielen. Eigene mögliche Verhaltensformen werden durchprobiert und in ihrer Wirkung erlebt. Das Kind weiß jetzt bereits sehr deutlich zwischen Wirklichkeit und Phantasie zu unterscheiden, es weiß die Bedingungen für jede Rolle einzuschätzen und die Tatsachen zu bewerten. Es lernt im phantasievollen Spiel die Wirklichkeit beurteilen und richtig einkalkulieren, und zwar Wirklichkeitsbereiche, die seiner tatsächlichen handelnden Entfaltung noch gar nicht zugänglich sind.

Übung der Phantasie. – Schließlich regt das phantasievolle Spiel neuartige Einfälle an, die später wesentliche Voraussetzung für eine produktive Tätigkeit sein können. Dagegen legt unsere Zeit den Kindern eine weitgehend rein aufnehmende Einstellung nahe. Zum Teil ist das schon im Unterricht der Fall. Aber vor allem das Kino, das Fernsehen, der Rundfunk und schließlich die Überschüttung mit bildhaften Darstellungen, wie sie die Illustrierten, die Comicstrips und primitiven Unterhaltungshefte bieten, lassen die Phantasie verkümmern, weil alle Gedanken und Ereignisse, perfekt ausgeführt und bildhaft nahegebracht, nur noch ein passives Aufnehmen, nicht aber eine selbständige und produktive Gestaltung durch die eigene Vorstellungskraft erfordern.

Wie eingehend sich das Kind von den bildhaften Darstellungen etwa einer Illustrierten beeinflussen läßt, zeigt das Beispiel eines

Die Illustrierte in der Phantasie der Kinder. – Wie eingehend sich das Kind von bildhaften Darstellungen beeinflussen läßt, zeigt jener Elfjährige, der diese kindertümliche Illustrierte herstellte.

Elfjährigen, der nach längerem Studium der im Haushalt vorhandenen Lesemappen eine eigene kindertümliche Illustrierte herstellte. Sie war ganz nach dem Schema der richtigen Illustrierten entworfen, in denen Sensationen, Unglücksfälle, Sport, technischer Fortschritt und schließlich auch noch Werbung eine Rolle spielen. Die Reportage wurde in ein Phantasieland »Amufrika« verlagert, gab aber das wieder, was beim Lesen vieler Illustrierten als charakteristisch haftengeblieben war. Titelbild: Peter Bär, der Stürmer des KTV; es folgten ein Sportbild, auf dem der Verteidiger von KTV die Nerven verlor, ein gefährlicher Fallschirmabsprung, ein Raketenversuchsfeld und der unvermeidliche Witz. Der Ausbruch eines Vulkans, des Kartoffelbergs, leitete die Reihe der Unglücksfälle ein, die einen Autozusammenstoß, eine in den Schornstein gefallene Katze und einen Blitzschlag betrafen. Gebaut wurde in Amufrika natürlich auch, und zwar ein Kühlhaus. Schließlich für Liebhaber der Pflanzenwelt eine Ananaszucht mit Komposthaufen. Zum Schluß wurde auch die Reklame für Muffis Lesemappe und ein Autoverleihgeschäft nicht vergessen. Das Beispiel zeigt in seiner Vollständigkeit sehr treffend die Verarbeitung von Anregungen der Illustrierten. Es lohnt aber, sich darüber Gedanken zu machen, ob das die richtige Art und Weise ist, in der ein Elfjähriger sich seine Welt geistig erobern sollte.

Dabei ist die Frage zu beantworten, ob ein ausgesprochener Schaden von dieser Lektüre ausgeht. Man wird das nicht einfach bejahen können. Wenn die Kinder sonst gesund in ihrem Erleben und in ihrer Lebensauffassung sind, werden sie auch durch eine solche Lektüre nicht verdorben werden können. Es besteht aber kein Zweifel, daß ein dem Alter entsprechendes Buch ungleich wertvoller für die Entwicklung des Kindes ist, weil es einen geschlossenen geistigen Inhalt bringt, der zum Weiterdenken und zur persönlichen Verarbeitung anregt. Derselbe Elfjährige, von dem die Amufrika-Illustrierte stammt, äußerte sich, als ein Schulkamerad nach einem Filmbesuch durch die Schule gleich noch in einen Wildwestfilm gegangen war, folgendermaßen: »Das kann ich gar nicht verstehen. Wenn man einen Film gesehen hat, hat man doch genug, um ein paar Tage darüber nachzudenken.« Es muß unser Ziel sein, diese gründliche Verarbeitung all dessen, was das Kind aufnimmt, anzuregen. Die flüchtige Aufnahme vieler unzusammenhängender Einzelheiten lenkt von der Konzentration ab und führt zur geistigen Trägheit. Und wenn man weiß, daß dieselben Kinder, die sich so begierig auf die Illustrierten stürzen, genauso fasziniert zuhören, wenn die Mutter ihnen abends eine halbe Stunde aus einem guten Buch vorliest, dann wird man sich wohl richtiger für das letztere entscheiden. Trotzdem ist es psychologisch falsch, ihnen dieses Zeitprodukt »Illustrierte« völlig fernzuhalten. Dinge, die man nicht bekommt, werden leicht überwertig. Aber man sollte das auf ein vernünftiges Maß beschränken, eine bessere geistige Kost dagegensetzen und der Persönlichkeitsentwicklung das zukommen lassen, was sie fördert, und nicht nur das, was vielleicht nicht schadet. Das Kind ist in hohem Maße lernfähig, sowohl in der Aufnahme von Wissen wie in der Übung der Denkfunktionen.

Vorpubertät. – Das Keimdrüsenwachstum und die gleichzeitige Wachstumsstreckung verursachen in der Zeit etwa vom dreizehnten bis zum vierzehnten Lebensjahr ein neues Lebensgefühl. Es treten erste geschlechtliche Spannungsempfindungen auf, die verarbeitet werden müssen. Das Kind erlebt sich selbst als etwas Neues, es empfindet sich deutlich als eigenes Ich. Es ist nicht mehr bereit, die Autorität der Erwachsenen als maßgebend für sein Tun und Denken anzusehen, sondern hebt sich mit seinem Wollen deutlich von den Eltern und Erziehern ab. Das sogenannte zweite Trotzalter beginnt.

Während in der ersten Trotzphase der Vierjährige ein völlig

naives »Bocken« gegenüber den Wünschen und Forderungen der Eltern auftrat, wird jetzt der eigene Widerstand vom Kind her sehr bewußt erlebt. Es ist nicht mehr die Erprobung der Willensfunktion, die für die Ausbildung des Willens wichtig ist, sondern es entsteht ein neues Selbstwertgefühl. Das kann am Anfang noch nicht in einer sicheren und ausgeglichenen Behauptung gegenüber der Umwelt bestehen, sondern entfaltet sich weitgehend in Extremen.

So kommt es einerseits zu einem Schwanken zwischen kritischem, überheblichem und auch frechem Auftrumpfen gegenüber den Erwachsenen und andererseits zu einer scharfen Selbstkritik, in der sich das Kind dann in sich selbst zurückzieht. »Flegeljahre« nennen die Erwachsenen diese Zeit. Sie tritt bei Jungen und Mädchen in gleicher Weise auf, wenn die Formen bei beiden Geschlechtern auch verschieden sind. Dazu gehört auch die scharfe Ablehnung des anderen Geschlechts und das plötzliche Albernwerden, ohne daß ein vernünftiger Grund vorhanden ist. Plötzlich bei Tisch oder in der Schulklasse beginnt ein Lachen und Kichern, und je mehr die Erwachsenen das zu verhindern suchen, um so alberner werden die Kinder. Die verständnisvollen Eltern und Lehrer wissen das und gehen darüber hinweg. Sie wissen auch, daß die Kinder an anderer Stelle durchaus ansprechbar sind, daß diese Phase zur Selbstfindung nötig ist und daß ein ausgeglichenes Ichbewußtsein nur entstehen kann, wenn man den Kindern in dieser Zeit innere und äußere Bewegungsfreiheit zubilligt. Der gelegentliche Ausbruch im Trotz oder in der Albernheit ist nichts weiter als eine verhüllte innere Ratlosigkeit, die aber nicht durch Belehrung, sondern nur im eigenen Erleben zu überwinden ist.

Leistungen während der Vorpubertät. – In dieser Phase tritt ein schneller Wechsel zwischen überschäumender Aktivität und passivem Resignieren auf. Es fällt den Kindern jetzt besonders schwer, sich ausdauernd mit den Aufgaben der Schule oder des Elternhauses zu befassen. Sie können stundenlang herumsitzen, mit sich selbst und der Welt unzufrieden. Auf der anderen Seite trauen sie sich dann wieder zuviel zu, nehmen die Anforderungen zu leicht und versagen dann ebenfalls.

Bei alledem entwickeln sich die geistigen Fähigkeiten weiter. Auf der einen Seite können die Kinder jetzt besser mit abstrakten Be-

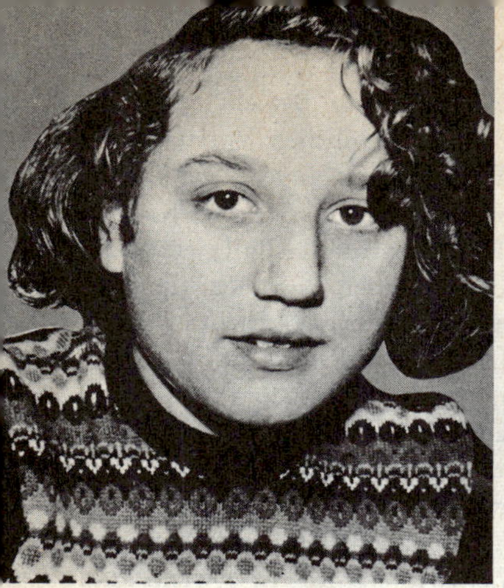

Der Reifegrad der Kinder für die Berufsentscheidung ist sehr unterschiedlich; scheu und gehemmt erscheint diese Vierzehnjährige.

Naiv unkritisch tritt er den neuen Anforderungen entgegen. Es ist Aufgabe der Eltern und Erzieher, dem Jugendlichen in seiner Berufswahl beizustehen.

Vierzehnjährige

Hinter der massiv selbstsicheren Haltung dieses Jungen steht innere Ratlosigkeit; der Heranwachsende sucht mit dem neuen Lebensgefühl fertig zu werden.

Eine Leitlinie des Lebens scheint schon entwickelt. Die Selbstsicherheit dieses Mädchens trägt Züge innerer Reife und Ausgeglichenheit über ihr Alter hinaus.

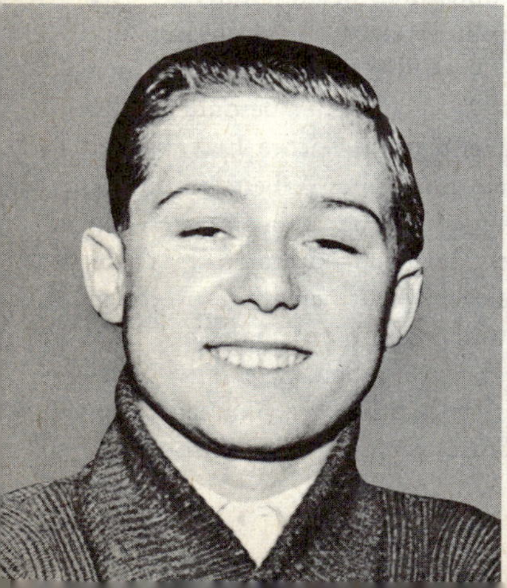

griffen umgehen, diese ordnen und richtig in Beziehung setzen. Früher lebte das Kind weitgehend in anschaulichen Vorstellungen und konnte mit abstrakten Begriffen nichts anfangen. Der Begriff »rund« wurde beispielsweise immer erlebt als ein konkretes Rundes, etwa ein runder Tisch, ein runder Teller, ein runder Ball; jetzt wird er als Begriff für sich erfaßt und abgehoben von Begriffen wie oval oder eckig. Er wird als Form- und Grenzbegriff erlebt.

Auf der anderen Seite erschließt sich das Psychische in diesem Alter als neues Lebensgebiet. Damit geht ein ausgeprägtes Gefühl für Gerechtigkeit einher, Verhaltensweisen werden in ihrer seelischen Wirkung erlebt und gewertet. Auch treten die Mitmenschen in anderer Weise als bisher ins Bewußtsein; es entsteht neben dem Sachinteresse ein Personeninteresse, das in feinfühliger Beobachtung verwirklicht wird. Und schließlich entwickelt sich ein – wenn auch noch sehr einfaches – weltanschauliches Denken. Das Kind nimmt Stellung zu weltanschaulichen Problemen, wobei es sich aber noch weitgehend auf Schlagworte stützt. Dabei spielen die moralischen Werte, die ihm von den Erziehern nahegebracht werden, eine wesentliche Rolle. Auch die soziale Umwelt ist für die Urteile oder Vorurteile, die es sich bildet, weitgehend maßgeblich.

Begabung, Fähigkeiten und Leistung. – Die Fähigkeiten entwikkeln sich aus den anlagemäßigen Begabungen heraus durch Anregung, Belehrung und Übung. Leistung ist nicht gleich Begabung. Die gute Leistung in der Schule kann auf eine gute Begabung in dem entsprechenden Fach hinweisen, sie muß es aber nicht. Die gute Leistung kann auch mit Zähigkeit und Fleiß bei nur mittlerer Begabung erreicht werden. Das gilt mindestens für die unteren und mittleren Klassen der Oberschule. Die schlechte Leistung in einem entsprechenden Fach kann zwar auf ein Fehlen der besonderen Begabung hinweisen. Mangel an Konzentration, leichte Erregbarkeit – besonders bei Klassenarbeiten –, ein langsames Arbeitstempo, das alles kann eine ausreichende Leistung jedoch ebenso in Frage stellen.

So war es auch bei Siegfried. Der Mathematikunterricht auf der Sexta erfordert vor allem noch ein sicheres routinemäßiges Rechnen. Erst allmählich verlangt er mehr und mehr mathematisches Denken. Siegfried verstand durchaus die Aufgaben, wie eine Nachprüfung im Einzelfall ergab. Aber er war in der Konzentration leicht störbar. Und da ihm zu Hause verständlicherweise immer wieder klargemacht wurde, daß Leistungen in der Mathematik die Voraussetzungen für die ersehnte technische Ausbildung seien, geriet er schon vor jeder Klassenarbeit in eine gespannte Erregung hinein – aus dem Bemühen, unbedingt etwas Gutes zu leisten –, so daß er dann um so leichter Flüchtigkeitsfehler machte.

Anders lagen die Voraussetzungen bei Erwin. Er kam im Lateinunterricht nicht mit. Er vergaß die Vokabeln zu leicht, und er hatte auch keinen rechten Sinn für eine logisch-präzise Satzkonstruktion. Dabei beherrschte er die deutsche Sprache einwandfrei, er hatte auf der Grundschule nie Schwierigkeiten in der Satzlehre gehabt. Handelte es sich hier um einen Mangel an sprachlicher Begabung? Sicher nur zum Teil, und zwar insofern, als ein leistungsfähiges Gedächtnis eine Voraussetzung für das Erlernen einer fremden Sprache ist. Die deutsche Sprache beherrschte er so gut, weil er sie zu Hause, wo ein gepflegtes Deutsch gesprochen wurde, erlebt und als selbstverständliche Gewohnheit übernommen hatte. Er hatte ein Sprachgefühl; aber eine nicht mehr lebende Sprache wie das Lateinische kann nicht allein vom Sprachgefühl her erlernt werden, sondern muß logisch-konsequent, konstruktiv aufgebaut werden. In der Übung solcher folgerichtigen Konstruktionen liegt ja auch ihr Wert, sie erzieht zu einem sprachlogischen Denken, wie es für jedes Denken, das sich sprachlich äußert, notwendig ist.

Bei Erwin kam noch etwas anderes hinzu: Er lebte stark aus dem Gefühl heraus, und er hatte es noch nicht gelernt, sich selbst in seinem Verhalten und in seinen Äußerungen zu steuern, zu überwachen und zu disziplinieren. Er gab sich etwas träumerisch seinen Gefühlseindrücken hin, und deshalb hatte er kein rechtes Verhältnis zur sachlich-präzisen Formulierung und zum streng logischen Aufbau, wie ihn die lateinische Sprache erfordert.

Begabungsschwerpunkte und willentliche Voraussetzungen. – Es gibt deutliche Schwerpunkte der Begabung, es gibt aber auch Voraussetzungen für die Leistung, die in den willentlichen Grundlagen der Persönlichkeit liegen und mit dem Intellekt wenig zu tun haben. Beides muß weiterentwickelt werden, die intellektuelle Begabung und eine straffe Willenshaltung. Beides pflegt die Schule: Sie übt das Denken an der Aneignung und Verarbeitung des Wissensstoffes, sie übt den Willen, indem sie Arbeit verlangt, die nur zu leisten ist, wenn man sich zusammennimmt und die Kräfte nachhaltig einsetzt. Sie bedarf der Unterstützung durch das Elternhaus, weil ein Teil der geforderten Arbeit die Schulaufgaben betrifft und an diesen gerade der selbständige willentliche Einsatz geübt werden kann.

Die gemeinsame Entwicklung von Intellekt und Willen fördert die Leistungsfähigkeit; erst dann können sämtliche Fähigkeiten zielgerichtet wachsen.

Vierzehntes bis zwanzigstes Lebensjahr

Pubertät und seelische Reifung. – Es ist heute schwer zu sagen, wann die Vorpubertät und die eigentliche Pubertät beginnen. Die Entwicklung des einen Kindes ist von der eines anderen stark verschieden, und die Pubertät kann zeitlich nicht genau festgelegt werden.

Etwa mit dem vierzehnten Lebensjahr beginnt aber für einen großen Teil der Kinder ein neuer Lebensabschnitt. Er wird vielfach durch die Berufswahl eingeleitet, auf die der Beginn der Berufsausbildung folgt. Die sogenannte Vorpubertät hat psychologisch meistens schon im dreizehnten Lebensjahr mit dem Keimdrüsenwachstum begonnen. Sie hat zu einem erneuten Trotzalter geführt und dann zu einer verstärkten Nachinnenwendung. In die Zeit, da das Kind das eigene Ich entdeckt und tastend eine Auseinandersetzung mit sich selbst beginnt, fällt die Berufswahl. Es ist gar keine Frage, daß das Kind für eine solche lebenswichtige Entscheidung noch nicht reif ist. Man sollte aber auch nicht übersehen, daß »Reife« durch das Hinausschieben der Schulzeit um ein Jahr noch nicht erreicht wird.

Es wird Aufgabe der Eltern und Erzieher sein, dem jungen Menschen in seiner Berufswahl beizustehen. Das bedeutet, daß sich Eltern und Erzieher über die Eigenarten und Leistungsmöglichkeiten des Kindes Klarheit verschaffen und ihm Berufe nahebringen, die für es günstig erscheinen. Trotz aller eigencharakterlichen Züge ist das Kind in diesem Alter noch sehr beeinflußbar und leicht zu formen und wird auf diese Vorschläge, wenn sie ihm nur richtig nahegebracht werden, eingehen. Im Gefühlsleben der Vorpubertät herrscht eine innere Ratlosigkeit vor, die ihre Gründe darin hat, daß der heranwachsende Mensch mit den neuen Erlebnissen und dem jetzt etwas anders gearteten Lebensgefühl nicht recht fertig wird.

Für das Kind der vergangenen Jahre war das Weltbild im Grunde noch unproblematisch; jetzt tauchen eine Reihe von Fragen auf, die noch nicht geistig verarbeitet und gelöst werden können. Dadurch entstehen die so häufigen Zusammenstöße mit der Autorität der Erwachsenen. Der Versuch, eine eigene Leitlinie des Lebens herauszuarbeiten und zu vertreten, ist noch unbeholfen und wenig überzeugend. Wenn er jetzt von den Erwachsenen nicht ernst genommen oder gar kritisiert wird, so tritt allzuleicht eine Versteifung auf diese ersten tastenden Ansätze ein. Das Selbstgefühl schwankt zwischen Unsicherheit und großsprecherischer Selbstbestätigung. Wichtigtuerische Zukunftshoffnungen wechseln mit ausgesprochenem Kleinmut. Die Harmlosigkeit und Unbekümmertheit des Kindes ist verlorengegangen, die neue Position noch zu wenig gefestigt.

Diese Phase wird auch von den Kindern durchlebt, an die die Problematik einer Berufswahl noch nicht herantritt. Wenn man sich aber darüber klar ist, daß diese Phase der Selbstfindung einfach durchlebt werden muß, dann ergeben sich die erzieherischen Notwendigkeiten fast von selbst. In der Berufsausbildung darf man jetzt nicht zu harte Forderungen stellen. Man wird verstehen, daß der junge Mensch in dieser Zeit keinen plötzlichen Übergang vom Spiel in den Ernst der Arbeit finden kann; dieser Übergang soll vielmehr möglichst allmählich vor sich gehen. Viele Jugendliche überwinden die Phase von Berufswahl und Berufsbeginn ohne Schwierigkeiten, aber es kann dabei auch ein ernster Schock für die weitere Entwicklung entstehen, der selbst im späteren Leben nur schwer überwunden wird. Bei den weiterführenden Schulen, in denen noch keine Berufsprobleme auftauchen, leidet statt dessen der Lernbetrieb unter dem schwankenden Selbstgefühl und der gestörten Konzentrationsfähigkeit der Kinder. Auch hier muß man wissen und verstehen, daß es sich dabei um eine notwendige Phase handelt, die man mit Verständnis besser überwindet als mit Druck.

Mit dem fünfzehnten Lebensjahr ist die kritische Phase der Pubertät im allgemeinen überwunden. Gewiß gibt es Spätentwickler, die noch mitten in der Pubertät stecken, aber für die meisten Kinder ist jetzt eine stabilere Lebensgrundlage seelischer Art erreicht. Am schnellsten wird die Pubertät von denjenigen überwunden, die mit dem vierzehnten Lebensjahr schon in die Berufsausbildung kommen und dabei mit dem praktischen Leben intensiv und unmittelbar in Berührung kommen. Für sie ist mit dem sechzehnten Jahr fast immer der Zustand erreicht, in dem sie sich von dem Ziel einer reifen Männlichkeit leiten lassen. Daß sie das noch nicht verwirklichen können, ist selbstverständlich, und daß sie in dem Bemühen, männliche Züge darzustellen und zu kopieren, oft zu recht bizarren Verhaltensformen kommen, braucht nicht zu verwundern. Letztlich entscheidet, daß jetzt eine deutliche Zuwendung zur Außenwelt erfolgt und daß ein ernstes Bemühen da ist, sich in nüchterner Weise mit der Umwelt auseinanderzusetzen und sich so in sie einzupassen, daß man seine Stellung für das spätere Leben in ihr begründet.

Für diese Phase ist weiter eine stark wertende Einstellung und ein gewisser Wahrheitsfanatismus charakteristisch. Eine idealistische Bewertung, die zwischen den Extremen hin und her pendelt, führt zu einem geringen Verständnis für menschliche Schwächen und damit für das Menschliche überhaupt. Man glaubt in diesem Alter, rigorose Forderungen stellen und verwirklichen zu können. Geistig führt das zu einseitigen Verallgemeinerungen, die ein zwar eindeutiges und klares, aber nicht unbedingt richtiges Weltbild ermöglichen. Auch jetzt gelingt die Einordnung in die Umwelt im Grunde nicht. Ein Ausgleich zwischen der Welt, die sich der Jugendliche selbst aufbaut, und der Wirklichkeit findet nicht statt. Der Zwiespalt zwischen Pflicht und Neigung wird gerade bei denen deutlich, die breitere Entwicklungsmöglichkeiten haben und nicht allzu schnell in den routinemäßigen Arbeitsbetrieb eingegliedert werden.

Ansätze einer zunehmenden Stabilisierung des Persönlichkeitsgefüges machen sich bemerkbar, und alles deutet darauf hin, daß der Jugendliche nun bald, trotz mancher Schwankungen, Irrungen und Wirrungen, zu einem eigenen Weltbild finden wird. Auch in dieser Phase ist der Unterschied zwischen denen, die im Berufsleben stehen und die Wirklichkeit intensiv kennengelernt haben mit allen ihren Notwendigkeiten und Folgen, und den anderen, die noch in der Schule in einer Welt abseits der alltäglichen Wirklichkeit leben, deutlich. Im ganzen kann man sagen, daß die Entwicklung auf den weiterbildenden Schulen etwas verzögert wird. Das gibt Chancen eines längeren und tieferen Ausreifens, das kann aber auch zum bequemen Sichgehenlassen führen. Dagegen zwingt die Wirklichkeit des Berufslebens mit ihren Ordnungen und Forderungen die Jugendlichen schneller in eine feste Form. Gelegentlich begehren sie dagegen auf, im großen und ganzen ordnen sie sich aber schnell ein, geleitet von einer frühzeitigen Einsicht in zwingende Notwendigkeiten, denen man doch kaum widerstehen kann.

Ein deutlicher Unterschied zwischen den Schülern und den Berufstätigen dieser Zeit liegt vor allem darin, daß die ersteren zu einem gründlichen Training ihrer intellektuellen Funktionen kommen. Im Rahmen dieser Übungen werden vor allem die Abstraktionsfähigkeit und das logische Schlußfolgern entwickelt, was für die spätere Leistung im Berufsleben von Bedeutung ist. Die Berufstätigen dieser Phase bleiben mehr in einem anschaulichen und wirklichkeitsgebundenen Denken stecken und entwickeln dafür stärker praktische Anlagen.

Letzte Spanne der Entwicklung. – Sie umfaßt die Zeit zwischen dem achtzehnten und zwanzigsten Lebensjahr. Sie ist bestimmt durch den Abschluß der körperlichen Reifung und des Wachstums sowie dadurch, daß nun endgültig eine Art Lebensplan entwickelt wird. Bei den Berufstätigen ergibt sich der Lebensplan relativ einfach aus der bisherigen Ausbildungssituation und den konkreten Erfahrungen. Den Schülern fällt die Abstimmung von Wunsch und Wirklichkeit sehr viel schwerer, weil die Wirklichkeit bisher zu einseitig erlebt wurde. Für beide ist die Neigung zur Selbsterkenntnis und zur Selbstgestaltung des Lebens charakteristisch. Dazu kommt, daß in dieser Phase praktisch alle seelischen Funktionen einen Reifezustand erreicht haben, so daß die Jugendlichen über eine relativ hohe Leistungsfähigkeit verfügen, die später durch Erfahrungen ergänzt wird.

Eine hohe Aufnahmebereitschaft für Neues, die Neigung, sich Wissen anzueignen und den Horizont auszuweiten, der Versuch, den Wissensstoff zu beherrschen, daraus selbständige Urteile abzuleiten und sich ein Weltbild aus eigener Einsicht – oft im Gegensatz zu dem der vorhergehenden Generation – zu schaffen, das alles kennzeichnet diese letzte Phase der Pubertätsentwicklung. Die Aktivität, die in früheren Jahren noch wenig planvoll war, sich deshalb gelegentlich im Leerlauf erschöpfte und deren Sinn vor allem in der Erprobung an wechselnden Zielen lag, wird jetzt eindeutiger auf ein Lebensziel ausgerichtet. Es entstehen ein sachliches Aufgabenbewußtsein und ein Ausgleich der idealistischen und oft auch illusionistischen Ziele mit den Gegegebenheiten einer nüchternen Wirklichkeit.

Schließlich ist für diesen Entwicklungsabschnitt wichtig, daß nunmehr die sexuelle Reifung beendet ist und der Jugendliche die Beziehungen zum anderen Geschlecht intensiver gestaltet. In der ersten Phase der Pubertät trat eine scharfe Ablehnung des anderen Geschlechtes auf. Man wollte nichts voneinander wissen, weil man genug mit sich selbst zu tun hatte. Darauf folgte eine Phase lockerer Beziehungen, in denen gewissermaßen die Formen möglicher Begegnungen durchgespielt werden. Sie beginnt im allgemeinen mit der Tanzstunde; es entstehen Flirts, die aber meist nur zu oberflächlichen Beziehungen führen. Man braucht den Partner oft viel mehr zur Selbstbestätigung als aus erotischen Bedürfnissen. Aber dann melden sich die Triebe immer stärker und drängen zur Befriedigung.

Die im Berufsleben stehenden Jugendlichen werden im allgemeinen sehr früh von den Erwachsenen auf eine primitive und massive Triebbefriedigung hingewiesen. Wenn die Heranwachsenden in den Erzählungen, Scherzen und Witzen der Erwachsenen, mit denen sie täglich zusammen leben, immer wieder von der Bedeutung der Sexualität erfahren, dann liegt es nahe, daß sie sich auf eine frühzeitige Triebbefriedigung einstellen. In vielen Fällen kommt es darüber sehr früh zum Geschlechtsverkehr, und damit ist der Zustand der vollen Reifung erreicht, wenn auch einige Phasen der Entwicklung übersprungen wurden, die für die Differenzierung des Seelischen notwendig sind.

Bei den älteren Schülern spielt die Sexualität ebenfalls eine Rolle. Da sie wissen, daß für sie die Heiratsmöglichkeit noch lange hinausgeschoben ist, drängen sie ihre erotischen Erlebnisse weniger in die Realität als in die Illusion. Der Übergangszustand unverbindlichen erotischen Spiels bleibt länger bestehen, es erfolgt eine nachhaltigere geistige Verarbeitung der Erlebnisse in der Begegnung des anderen Geschlechtes. Im übrigen wird man annehmen dürfen, daß diese Entwicklung individuell sehr unterschiedlich verläuft. Wir wissen wenig über die intimen Vorgänge. Einer Gesellschaftsordnung, in der man nicht über diese Dinge spricht, bleibt vieles verborgen.

Im ganzen kann man aber mit einer freieren und ungezwungeneren Form des Zusammenlebens der Geschlechter rechnen, als diese etwa vor einer oder zwei Generationen üblich war. Immerhin bleibt auch jetzt die Einfügung in eine vorgegebene Gesellschaftsordnung schwierig genug. Starke Kräfte drängen zur Selbstentfaltung, die Erfahrungen sind noch relativ gering, die Kritikbereitschaft ist groß. Der junge Mann oder das junge Mädchen sind in der Lage, ihr Leben selbst in die Hand zu nehmen. Sie sind auch nicht mehr ohne weiteres bereit, sich von denen, die bisher für sie verantwortlich waren, lenken und leiten zu lassen. So kann eine Selbstsicherheit entstehen, die mitunter deutlich über das dem Alter zugehörige Maß hinausgeht. Jetzt erfolgt die innere und zumindest auch die äußere Lösung vom Elternhaus. Die letztere ist oft zweckmäßig, um dem Jugendlichen die Erprobung der eigenen Fähigkeiten und eine Selbstbestätigung zu ermöglichen.

Wesensunterschiede in der Entwicklung

Wir haben bei der Entwicklung des Kindes bis ins reife Alter hinein immer von »dem« Kind und »dem« Jugendlichen gesprochen. Aber wir wissen, daß auch in diesem Alter die Kinder sich deutlich voneinander unterscheiden, und zwar nicht nur hinsichtlich individueller seelischer Beschaffenheit, sondern auch in der Grundhaltung und Grundeinstellung dem Leben gegenüber. Man würde das Bild der Entwicklung junger Menschen zu einseitig zeichnen, wenn man auf diese wesentlichen Unterschiede, die zur Prägung fester Charaktere führen, nicht eingehen wollte. Deshalb soll die folgende Zusammenstellung von Persönlichkeitsformen in der Entwicklungsphase einen Überblick über die Vielgestaltigkeit seelischen Lebens geben.

Der Unbekümmerte. – Obwohl die Mutter ihn ausdrücklich ermahnt hat, seinen Anzug zu schonen und diese Ermahnung durch die Erwähnung der ernsten wirtschaftlichen Sorgen des Vaters verstärkte, ist nichts davon bei ihm übriggeblieben. Er kommt mit einem Loch in der Hose nach Hause. Gewiß ist er jetzt im Moment bedrückt, nicht aus Angst vor Strafe, sondern weil er an dem, was die Mutter sagt, innerlich teilnimmt. Aber das fällt ihm erst jetzt wieder ein. In dem Augenblick, als er sich mit seinen Klassenkameraden prügelte, dachte er nicht daran. Es wäre ihm allerdings auch schwergefallen, sich zu bremsen, wenn er daran gedacht hätte, weil er einfach mittoben muß, wenn die Gelegenheit so günstig ist. Nun tut es ihm leid, der Mutter neue Sorgen machen zu müssen, obwohl er selbst ein Loch in der Hose als keine besonders tragische Angelegenheit ansehen kann. Trotzdem möchte er es gutmachen; er verspricht, das nächste Mal besser aufzupassen, er verspricht auch ein besseres Zeugnis (denn damit hapert es bei ihm auch), obwohl zugegeben wird, daß er keineswegs unbegabt ist.

Wenn sich das Gedächtnis oder gar das Gewissen noch einmal erinnernd melden, dann setzt er sich schnell darüber hinweg. Er hat den zwar oft unbegründeten, aber doch sicheren Optimismus, daß schließlich alles noch ganz gut ausgehen werde. Diese Einstellung verliert er auch nach offensichtlichen Mißerfolgen nicht. Er sieht diese im Augenblick durchaus ein, aber kurz danach setzt sich sein Optimismus wieder durch; er hat schnell Gründe oder Scheingründe bei der Hand, mit denen er sich und anderen leicht beweisen kann, daß es das nächste Mal mit Sicherheit gutgehen muß. Er handelt gern drauflos, ohne sich über die Berechtigung seines Handelns Gedanken zu machen oder sich um dessen Folgen zu kümmern.

Aus welchen seelischen Kräften heraus und auf der Grundlage welcher Persönlichkeitsstruktur kann sich dieser Typus des »Unbekümmerten« entwickeln? Zuerst einmal muß seine Vitalität, die ursprüngliche Lebenskraft, von einer überdurchschnittlichen Stärke sein. Eine daraus sich ergebende hohe seelische Belastbarkeit gibt erst die Grundlage für seinen Optimismus und für sein nahezu unerschütterliches Selbstvertrauen ab. Neben dieser starken Vitalität sind lebendige innere Antriebe notwendig. Schließlich ist wesentlich, daß die Steuerung des eigenen Verhaltens und Handelns gegenüber seiner Aktivität und Dynamik nur schwach angelegt und entwickelt ist.

Starke Belastbarkeit, lebhafte Antriebe und geringe Steuerung des Kräfteeinsatzes – das sind die Grundlagen für seine Willensbildung. Sie bilden auch die Grundlage für seine weitere Entwicklung.

Der Störenfried. – Im Alter von zehn Jahren hatte er seinen älteren Brüdern Spielsachen fortgenommen und im Ofen verbrannt. Es handelte sich dabei um Dinge, die nicht besonders wertvoll waren, von den Brüdern aber sehr geschätzt wurden.

Er kann es nicht sehen, wenn andere sich gut vertragen und in voller Übereinstimmung ihrer Beschäftigung nachgehen. Dann drängt es ihn, einzugreifen und Unruhe in die Gemeinschaft hineinzutragen. In der Anwendung seiner Mittel für solche Störungsaktionen erweist er sich als einfallsreich und erfinderisch. Seine Bemühungen können sich ebenso auf die Klassenkameraden und den Unterricht wie auf die Geschwister und das Familienleben beziehen. Er bleibt dabei immer unberechenbar und zwingt seine Umgebung zu einer erhöhten Wachsamkeit: »Was wird er jetzt wohl im Schilde führen?« Wenn er eine Störung vollbracht hat, genießt er den Ärger der anderen, während er sich nach außen hin den Anschein der Harmlosigkeit gibt.

Er tritt gelegentlich auch in einer anderen Form auf, indem er die Tarnung aufgibt. Er geht dann gerade auf das Ziel zu, mit seiner Störung in den Mittelpunkt zu treten und Aufsehen zu erregen. In beiden Fällen geht es ihm um das Erlebnis, über andere zu triumphieren.

Eine unerläßliche Grundlage für die Lebensform des Störenfriedes ist das Vorhandensein lebhafter und nachhaltiger Antriebe und Strebungen, ein Drang, die eigene Persönlichkeit zu entfalten. Sonst würde es nicht zur Aktion – und zwar zum Tätigwerden gegen einen äußeren Widerstand – kommen. Eine solche willentliche Aktivität ist zweifellos eine wertvolle Anlage, wenn sie in eine fruchtbare Richtung gelenkt wird. Das geschieht aber hier nicht. Vielmehr entfaltet der Betreffende eine störende, auch zerstörende Tätigkeit.

Zu seinem Verhalten gehört noch eine andere Voraussetzung, und zwar die, daß der Störenfried mit sich selbst und seiner Umgebung nicht im reinen ist. Seine Stellung im Leben befriedigt ihn nicht. Seinem Selbstgefühl wird nicht genügt. Sein Verhalten ist nun darauf abgestellt, diesen mangelnden Eigenwert durch ein überhöhtes Eigenmachtgefühl auszufüllen. Der Erlebnishintergrund ist etwa folgendermaßen gekennzeichnet: »Ich bin nichts und gelte nichts, die anderen nehmen mich nicht ernst. Nun werde ich ihnen einmal zeigen, daß ich da bin, daß ich sie zwingen kann, auf mich zu achten, und daß ich ihnen wenigstens für den Augenblick überlegen bin.« Das braucht keineswegs verstandesmäßig so gedacht zu werden, vielmehr erscheint es oft nur als dumpfer Gefühlshintergrund.

Der Streber. – Er hat das Ziel der Klasse wieder einmal als Erster erreicht, er wird von der Schule gelobt. Die Eltern freuen sich, daß er soviel weniger Sorgen und Ärger macht als Nachbars Fritz in derselben Klasse, und so kann man ihn auch den Geschwistern als Musterbeispiel vorhalten. – Er selbst erlebt in diesem Moment der Versetzung dankbar die Bestätigung der eigenen Person und seines braven Bemühens. Aber sonst fühlt er sich doch in seiner Haut nicht so ganz wohl, schon weil er kein rechtes Verhältnis zu seinen Klassenkameraden bekommt. Sie tun ihm zwar nichts Böses, aber sie nehmen ihn auch nicht ernst, und er leidet oft darunter.

Er führt alle Aufgaben mit besonderer Gewissenhaftigkeit aus. Nie hat er seine Schularbeiten vergessen. Seine Bücher und Hefte sehen peinlich sauber aus, seine Schrift entspricht fast vollkommen dem Vorbild. Von den Unternehmungen und Streichen der Klasse hält er sich weitgehend fern, sie »liegen« ihm nicht. Auch die rauhe Kameradschaft der Mitschüler bleibt ihm fremd. Im Sport weist er keine besonderen Leistungen auf, im Singen und Zeichnen häufig ebenfalls nicht. Raufereien sind ihm zuwider, da gibt er lieber von vornherein nach. Die Klasse reagiert auf sein Verhalten mit Nichtachtung, während die Lehrer ihn gern als Vorbild schulischen Leistens und Betragens herausstellen.

Voraussetzung dafür, daß der Typus eines Strebers entsteht, ist eine nur begrenzt vorhandene Lebenskraft und Belastbarkeit. Er kann nicht aus dem vollen schöpfen, nicht unbekümmert drauflosleben mit der unbelasteten Einstellung »es wird schon gutgehen«, er kann sich nicht allein aus der Kraft der eigenen Persönlichkeit behaupten, wenn er angegriffen wird. Insofern sind seine Grundlagen ähnlich wie bei dem Schüchternen. Aber während der Schüchterne in der Unsicherheit steckenbleibt, sucht der Streber eine Bestätigung der eigenen Person dort, wo ihm eine solche möglich ist: im Lernen, in der gewissenhaften Erfüllung reproduktiver Aufgaben.

Dabei muß beachtet werden, daß die Einstellung des Strebers auch eine merkliche persönliche Enge einschließt. Es gibt nun einmal noch andere Lebensbereiche und Lebensinhalte außerhalb der Schule. Wer sich einseitig auf das Leitbild der Schultüchtigkeit einstellt, der muß an manchem anderen vorbeigehen, das persönlichkeitsbildend sein kann.

Der Angeber. – Er hatte seinen Kameraden gegenüber behauptet, daß er im Schwimmbad vom Zehnmeterbrett gesprungen wäre. Sie standen staunend um ihn herum, und er genoß ihre Bewunderung. Mancher sagte sich selbst im stillen, daß er so etwas wohl nicht schaffen würde. Aber noch während sie ihn bewunderten, beschlossen sie innerlich, ihn bei nächster Gelegenheit auf die Probe zu stellen. Dieser versuchte er sich mit vielen Ausreden zu entziehen, was ihm eine erhebliche Einbuße im Ansehen brachte. So kam er auf den Gedanken, sein Ansehen damit wieder aufzufrischen, daß er eine neue Geschichte von dem Unfall mit der Straßenbahn aufbrachte, die maßlos übertrieben, aber nicht nachprüfbar war.

Der Angeber legt deutlich Wert darauf, im Mittelpunkt zu stehen und das Augenmerk seiner Umgebung auf die eigene Person zu lenken. In der Gruppe der Kameraden führt er das große Wort und versucht den Ton anzugeben. Die Form, die er dabei wählt, und die Mittel, die er anwendet, richten sich einmal nach seiner menschlichen Umgebung, auf die er wirken will, zum anderen entnimmt er sie seinem Erfahrungsschatz, den er in seinem bisherigen Lebensbereich gesammelt hat. Im allgemeinen gibt es je nach der Entwicklungsstufe bestimmte Werte, die als allgemeingültig anerkannt sind und mit denen der Angeber Geltung zu erringen sucht, indem er von sich behauptet, sie in besonderem Maße zu besitzen oder zu verkörpern.

Diese Werte liegen einmal in Körperkraft oder Geschicklichkeit, zum anderen im Lebensstandard, der heute wieder eine so große Rolle spielt. (»Mit dem Auto, das dein Vater fährt, würden wir uns nicht auf der Straße sehen lassen.«) Wichtig ist hierbei noch, ob das Merkmal der Besonderheit, mit dem der Angeber sich herauszustellen versucht, entweder auf seine eigene Person (Körperkraft, Klugheit) oder auf Vater und Familie (geschriebene Bücher, Auto) bezogen wird. In der zweiten Form wird das Mittel zum Angeben gewissermaßen aus zweiter Hand entliehen und deutet von vornherein auf eine geringere Selbstsicherheit und Durchsetzungskraft hin.

Wie kommt es zu diesem übersteigerten Geltungsanspruch? Der Vater kann eine bedeutende Stellung im öffentlichen Leben einnehmen, der Sohn aber begabungs- und leistungsmäßig nicht so günstige Voraussetzungen mitbringen, um eine entsprechende Rolle in seinem eigenen Lebenskreis spielen zu können. Oder dem Kind wurde im Laufe seiner Entwicklung zu wenig Anerkennung innerhalb seines Lebensbereiches – meist der der Familie oder der engeren

Umgebung – zuteil. Wenn dann starke innere Triebe vorhanden sind, versucht das Kind, die Rolle des Unterdrückten oder Beiseitegeschobenen gewaltsam zu durchbrechen und wählt hier den scheinbar leichteren Weg des Angebens, weil der schwerere der Leistung zu langsam und mühselig ist.

Der Spezialist. – Mit elf Jahren wußte er den Unterschied zwischen einem Dieselmotor und einem Benzinmotor genau anzugeben. Mit zwölf Jahren erklärte er, daß er sich vorwiegend für die Hochfrequenztechnik interessiere. Mit dreizehn Jahren »erfand« er fünf verschiedene Lösungen für die Konstruktion eines Mikrofons, und mit vierzehn Jahren baute er aus alten Geräten ein funktionierendes 3-D-Radio. Sein meistgelesenes Buch ist das Konversationslexikon, aus dem er sein technisches Wissen – wenn auch reichlich bruchstückhaft – zusammensucht.

Diese Hingabe an ein Sondergebiet kennzeichnet die Lebenseinstellung des Spezialisten. Dieses Gebiet braucht selbstverständlich kein technisches zu sein. Es gibt junge Spezialisten für Botanik und Zoologie, für Geschichte und gelegentlich auch für kunstwissenschaftliche Fragen. Je mehr sich der Spezialist aber mit seinem Lieblingsgebiet beschäftigt, um so mehr vernachlässigt er andere Aufgaben. Er vermag den Sinn anderer Arbeiten schlecht einzusehen, wenn sie in keinem Zusammenhang mit seiner Liebhaberei stehen. Er macht die Schularbeiten schlecht und recht, ohne eigentliches Interesse und deshalb auch mit keinem besonderen Erfolg. In der Schule wird über ihn wegen seiner geringen Konzentration auf den Unterricht geklagt. In Wirklichkeit ist er meistens auch während des Unterrichts mit seinen Spezialproblemen beschäftigt. Wenn er aufgerufen wird, kommt er aus einer ganz anderen gedanklichen Welt auf den Stoff des Unterrichts zu. Diese Umstellung gelingt natürlich nicht immer schnell genug, und das führt dann zum Versagen. Da die Schule diesen Sonderinteressen nicht nachgehen kann, bekommt er schlechte Zensuren. Dann sind die Eltern enttäuscht und reagieren mit Verboten und Anordnungen, die ihn zwangsläufig von der praktischen Betätigung in seinem »Fach« zum bloßen Grübeln führen und hinsichtlich der Schulleistungen meist nur von geringem Erfolg sind.

Seine Wesensart und seine Einstellung zum Leben sind von einem besonderen Interesse bestimmt. Dieses Interesse muß im vorliegenden Falle als ein anlagemäßig gegebenes Charakteristikum der Persönlichkeit angesehen werden. Natürlich gibt es auch Neigungen, die von der Umwelt, vom Vorbild der Erwachsenen angeregt sind. Aber diese haben nie die Durchschlagskraft, die zu einem frühzeitigen Spezialistentum führt. Welche psychischen Funktionen im einzelnen hinter diesen Neigungen stehen, läßt sich kaum angeben. Meist handelt es sich um eine in der Zusammensetzung relativ seltene Koppelung von Begabung, Materialgefühl und unbewußten bildhaften Erlebnissen.

Schließlich ist eine Voraussetzung für die Entwicklung des Spezialistentums im Kindesalter eine triebhafte Intensität des Strebens, die sich gegenüber der durchaus möglichen rationalen Einsicht durchsetzt.

Die Mütterliche. – Wenn bei Tisch das Salz fehlt, läuft sie schnell in die Küche, obwohl die Mutter den jüngeren Bruder dazu aufgefordert hatte. Sie erklärt sich gern bereit, für den älteren Bruder das Frühstück zu machen, während die Mutter abwesend ist. Sie deckt dann nicht nur mit viel Sorgfalt den Tisch, sondern legt ihm auch die Zeitung hin, da sie weiß, daß er gern die Sportberichte liest.

Und das tut sie alles, obwohl sie nicht nur einmal erfahren hat, daß die Brüder sich nicht gerade dankbar zeigen. Sie tut es aber, weil es sie dazu drängt, für andere zu sorgen, ihnen das Leben leichter und angenehmer zu machen. Sie ist deshalb immer auf der Suche nach Zielen für die Betreuung der anderen. Auch die Neigung, sich mit kleineren Kindern abzugeben, wird so verständlich. Gelegentlich wendet sich ihre ganze Besorgtheit auch einem Tier zu. Je mehr sie mit ihrer Einstellung zur Wirkung kommt, um so stärker werden die persönlichen Bindungen an den Gegenstand ihrer Fürsorge, und um so schmerzlicher erlebt sie jede Trennung. Da sie fast völlig aufgeht in dem Erlebnis der Fürsorge und des Gebrauchtwerdens, ist sie auch ganz auf die lebendige Wirklichkeit eingestellt. Sie wird sachliche Gegebenheiten nur so weit berücksichtigen, als diese dem Lebendigen dienen können. Abstrakten Problemen ist sie weitgehend abgeneigt. Es ist ihre Schwäche, daß sie sich allzusehr an den Einzelfall bindet und von diesem ihr Verhalten und ihr Urteil leiten läßt.

Das verhindert sie in der Schule oft, einen allgemeinen Überblick zu gewinnen und wesentliche Dinge in ihrer Bedeutung zu erfassen.

Sie versucht deshalb, den mehr abstrakten Stoff der Schule durch fleißiges Lernen nicht auffassungs-, sondern gedächtnismäßig zu bewältigen. Sie hat es längst aufgegeben, sich noch mit den Kernfragen auseinanderzusetzen und um Zusammenhänge zu bemühen, weil diese ihr doch fremd bleiben. Sie möchte lediglich der Lehrerin oder dem Lehrer etwas Gutes tun. Ihnen zur Freude gibt sie sich beim Lernen Mühe, und sie erlebt es von sich aus als ungerechte Enttäuschung, wenn sie damit nicht durchdringt und nur andere, die viel weniger bemüht und viel »egoistischer« in ihren Strebungen sind, Anerkennung ernten. Sie zieht sich dann gern auf einen Kreis zurück, den sie in der Familie findet oder den sie sich in der näheren Umgebung geschaffen hat. Dort baut sie sich eine kleine Welt nach ihrem Geschmack und ihren Bedürfnissen mit Lebewesen, die von ihr gerade das erwarten, was sie zu geben hat. Hier erlebt sie die Erfüllung, die sie unter ihresgleichen oft nicht findet. Hier übt sie sich auch bereits in der Rolle für ihr späteres erwachsenes Leben, die durch Verzicht und Opferbereitschaft gekennzeichnet ist. Wenn man sich fragt, welche Voraussetzungen psychologischer Art gegeben sein müssen, damit ein Kind zu dieser Haltung und Einstellung dem Leben gegenüber kommt, kann man als unerläßliche Voraussetzung eine starke Gefühlsgrundlage angeben. Das bedeutet, daß bei diesem Menschen das Gefühl gegenüber dem Verstand und dem Willen die wesentlich größere Bedeutung hat. Die Gefühlserlebnisse der Mütterlichen werden beherrscht von weitgehender Hingabebereitschaft, zeigen also eine betonte Ausrichtung auf das Du. Demgegenüber wird das Selbstwertgefühl viel weniger intensiv erlebt und erhält erst aus der Hinwendung zum Du sein eigentliches Gewicht. Die Urteile und Entscheidungen erfolgen aus einer reinen Gefühlsgewißheit heraus, die ungemein treffsicher gegenüber allen lebendigen Fragen sein kann, die aber dem Sachlich-Theoretischen gegenüber unobjektiv wird und versagt.

Die Intellektuelle. – Als die Mutter ihr den Auftrag gegeben hatte, einmal wieder ihre eigenen Schränke aufzuräumen, fand sie ihre Tochter nach mehreren Stunden inmitten eines ungeordneten Berges von Büchern, Schuhen, Kleidungsstücken und sonstigen Besitztümern vor. Sie hatte sich in einem älteren und längst vergessenen Buch festgelesen und völlig vergessen, daß es jetzt Abendbrotszeit war und man nun wieder einräumen mußte.

Ein anderes Mal hatte die Mutter sie mit einiger Überredungskunst davon überzeugt, daß die Hausschneiderin ihr nun endlich ein Kleid für festliche Gelegenheiten machen müßte. Es gab jedoch endlosen Ärger mit den Anproben, weil sie zum Kummer der Mutter alle üblichen modischen Dinge ablehnte.

Sie legt wenig Wert auf ihre äußere Erscheinung, weil ihre Interessen nicht ihrer persönlichen Wirkung in der Außenwelt gelten, sondern anderen, objektiven und geistigen Erscheinungen des Lebens. Sie neigt deshalb dazu, sich »praktisch« zu kleiden, wobei sie unter praktisch das versteht, was sie am wenigsten an der Verfolgung ihrer eigentlichen Interessen hindert. In Wirklichkeit besitzt sie keinen ausgeprägten Sinn für praktische Lebenssituationen. Ihr Wirklichkeitsbild ist konstruiert aus dem, was sie gelesen hat, und aus den Wunschvorstellungen, die ihr das Wertbewußtsein eingibt. In diesem Bilde steht alles Geistige vornan, wogegen alles gefühlsmäßige Erleben und alles praktische (willensgerichtete) Handeln für sie keinen Wert darstellt. Deshalb entzieht sie sich gern den praktischen Anforderungen des Alltags, sie zeigt auffallend wenig Neigung, sich mit dem zu beschäftigen, was anderen Mädchen naheliegt: Hausarbeiten, Handarbeiten, die Beaufsichtigung kleinerer Geschwister. All das wird von ihr schlecht und recht erledigt, wenn es von den Eltern verlangt wird, aber sie distanziert sich innerlich von diesen Arbeiten und empfindet sie als eine Last.

Dagegen benutzt sie jede Gelegenheit, sich in den Bereich geistigen Lebens zurückzuziehen. Das erfolgt im Schulalter weitgehend in Form des Lesens. Dabei eignet sie sich ein recht erhebliches Wissen an. Von diesem Wissen her entwickelt sie eine merkliche Fähigkeit zur Kritik und findet auch den Mut, sie zu üben. Wenn die kritische Einstellung Gleichaltrigen und Erwachsenen gegenüber auch oft einseitig ist und sich in der Wiedergabe angelesenen Wissens äußert, so zeigt sich darin doch bereits deutlich eine relativ geringe Bereitschaft zur Anpassung und ein Bedürfnis nach individueller Selbstentfaltung. Damit können sich natürlich viele Reibungspunkte mit der Außenwelt ergeben, die ein anderes Leitbild für die Entwicklung eines jungen Mädchens hat, als es die Intellektuelle anstrebt.

Die Grundlagen für das geschilderte Erscheinungsbild liegen ganz eindeutig in einer Vorherrschaft des Intellekts gegenüber den beiden anderen großen Wirkungsbereichen von Gefühl und Willen. Eine solche Gewichtsverschiebung – und um eine solche handelt es sich, nicht um eine Ausschließlichkeit intellektuellen Lebens – kann einmal anlagemäßig gegeben sein. Dann ist die Betonung des Intellekts mit einer entsprechenden intellektuellen Begabung gekoppelt. Sie kann aber auch unter entsprechenden Umwelteinwirkungen während der Entwicklung entstanden sein. Dann bedeutet sie meist eine Ausweichhaltung und braucht keineswegs mit einer besonderen intellektuellen Begabung einherzugehen.

Die Intellektuelle müht sich schlecht und recht durchs praktische Leben und macht alles anders als andere Frauen. Die praktischen Tätigkeiten braucht man nach ihrer Meinung nicht eigens zu lernen. Und in der Freizeit liest sie wieder genau wie seinerzeit vor dem nicht aufgeräumten Bücherschrank.

Die Burschikose. – Auf Befragen gab sie als Lieblingsbeschäftigung an, mit kurzen Lederhosen bekleidet auf einen hohen Baum zu klettern. Als Berufswunsch äußerte sie die ernsthafte Absicht, Autoschlosser zu werden.

Sie wertet alle typisch mädchenhaften Beschäftigungen und alle mädchenhaften Formen ab. Darin kann sie bis zur vollen Verachtung alles Mädchenhaften gehen. Sie lehnt es entschieden ab, einen Jungen als Beschützer anzuerkennen. Sie ist aber gern bereit, mit ihm als gleichberechtigtem Partner zu spielen oder Sport zu treiben. Sie wendet sich den härteren Sportarten zu und denen, die auf Leistung ausgerichtet sind. Sie begibt sich hier bereitwillig in Konkurrenz mit gleichaltrigen Jungen, und sie schneidet dabei oft ebensogut oder besser ab. In der Klasse weiß sie sich schnell Ansehen gegenüber anderen Mädchen zu erwerben, indem sie sehr sicher und bestimmt auftritt und sich nicht leicht beeinflussen läßt. Sie setzt sich energisch durch, auch wenn Traditionen und Konventionen ihr entgegenstehen. – In ihrer Erscheinung und in ihrem Auftreten wählt sie gern jungenhafte Formen (deshalb hat sie der Volksmund auch die »Bursch«ikose genannt). Sie verzichtet bewußt auf spezifisch weibliche Wirkungen. Selbst da, wo sie sich auf diese Weise Vorteile verschaffen könnte, geht sie lieber einen andern, weniger einfachen Weg.

In ihrer Sprechweise legt sie sich leicht und gern Wortwendungen zu, die ihre Mißachtung aller empfindsamen Feinfühligkeit gegenüber ausdrücken und oft das Entsetzen der Mütter hervorrufen. Ihr geht es um eine Versachlichung, die möglichst wenig Gefühlsregungen aufkommen lassen soll. Dabei kann sie sich in jüngerem Alter leicht vergreifen, indem sie einen Ton, der in einer locker-unverbindlichen Unterhaltung noch gerade tragbar ist, auch dort anwendet, wo ein echter Ernst, ein gemüthaftes Ansprechen auf Werte verlangt werden. Sie geht recht robust durch die Entwicklungsjahre, begleitet von den Klagen der Erwachsenen, weil diese schnell die Zielscheibe ihrer Kritik werden und meist nicht sehen, was hinter diesem Verhalten steckt. Die Hintergründe können in zwei wesentlich voneinander verschiedenen Motiven bestehen: einmal in einem ausgeprägten Selbständigkeitsdrang und zum anderen in einer intensiven Protesthaltung.

Das Selbständigkeitsstreben als Lebensleitlinie beruht auf dem Drang zur Selbstentfaltung und kann als eine ursprüngliche Triebkraft angesehen werden, die bei den Menschen verschieden stark entwickelt ist. Bei der Protesthaltung handelt es sich oft um eine Auseinandersetzung mit der Konvention. Die Konvention wird nicht deshalb abgelehnt, weil sie einen zu engen Rahmen für die Selbstentfaltung bietet – das könnte im ersten Falle möglich sein –, sondern sie wird abgelehnt, weil man bereits erfahren hat, daß sie brüchig und für die Erwachsenen keineswegs immer verpflichtend ist. Dabei entsteht dann das zum Teil bizarre Sichgeben, das meist Züge der inneren Versteifung und der gewollten Abwanderung in die Illusion trägt. Beide Formen des burschikosen Auftretens machen eine Entwicklung durch, die im einen Fall zur reifen Selbständigkeit, im anderen Fall zu Kontaktschwierigkeiten führen kann.

Die Schüchterne. – Die Klasse hatte wieder einmal vor, die ältere und gutmütige Lehrerin in einer recht gehässigen Weise zu ärgern. Das betreffende Mädchen, von dem wir sprechen, hatte bereits über den vorigen Streich zu Hause nachgedacht und sich fest vorgenommen, bei der nächsten Gelegenheit den anderen Mädels das Unschöne ihres Verhaltens klarzumachen. Nun war die Gelegenheit da. Ihre Argumente waren durchdacht und bereitgestellt – und sie sagte nichts. Sie ließ sich in die Betriebsamkeit der andern mit hineinziehen, um nicht abseits zu stehen. Sie machte mit, zwar unwillig und mit schlechtem Gewissen, aber zur Behauptung einer eigenen Position konnte sie sich trotz aller verstandesmäßigen Einsicht nicht aufraffen.

Sie steht abseits, wenn die Gleichaltrigen etwas unternehmen. Sie findet schwer einen Platz in der Gruppe, der ihren Möglichkeiten entsprechen würde. Wenn die anderen tätig werden und sich in den Vordergrund drängen, gerät sie allzu leicht auf ein Nebengleis. Bei den Spielen wird sie entweder überhaupt nicht herangezogen, oder sie bekommt eine untergeordnete Rolle zugewiesen. In diese Rolle fügt sie sich, weil ihr keine andere Wahl bleibt.

Gelegentlich begehrt sie auf, aber meist ohne rechten Erfolg. Zurück bleibt in jedem Falle das Erlebnis einer nicht voll geglückten Lebensmeisterung. Dieses Erlebnis dämpft ihr Lebensgefühl. Die Schüchterne neigt dann dazu, sich in andere Bereiche zurückzuziehen, die weniger unangenehme Belastungsproben stellen. Sie wendet sich in der Freizeit kleineren Kindern zu, die sie betreuen kann und von denen ihre überlegene Position nicht angezweifelt wird. Oder sie bleibt zu Hause und schafft sich durch eifriges Lesen eine ideale Welt, in der man träumend alles das leicht bekommen kann, was die Wirklichkeit versagt. Aber die Wirklichkeit meldet sich immer wieder, und die Lebensbewältigung wird immer schwerer, je öfter man ausweicht.

Die entscheidende Voraussetzung für das Entstehen der Schüchternheit als Wesensmerkmal liegt in einer ursprünglichen und anlagemäßigen Lebensschwäche. Diese braucht nicht unbedingt mit einer körperlichen Schwäche einherzugehen. Es gibt auch körperlich kräftige Menschen, deren Lebensäußerungen doch stets von geringer Kraft und geringem Nachdruck bleiben.

Hier sind die ursprünglichen seelischen Energien so schwach vorhanden, daß nur eine geringe Kraftentfaltung möglich ist. Dazu gehört, daß auch die ursprünglichen inneren Antriebe wenig lebendig sind. Die Folge von beiden – schwacher Lebenskraft und geringen Antrieben – ist ein ungefestigtes Selbstvertrauen. Erlebnismäßig sind die Hintergründe seelischer Gehemmtheit durch einen dumpfen Gefühlseindruck gekennzeichnet: »Ich kann mir nicht soviel zutrauen, sonst versage ich.«

Wenn sich eine solche Schüchternheit oder Gehemmtheit als Lebensform einmal festgesetzt hat, ist eine gesunde Entwicklung in der Gemeinschaft Gleichaltriger gestört.

Die Konventionelle. – Mit zwölf Jahren erklärte sie, daß sie entweder einen Diplomaten oder einen reichen Mann heiraten würde, weil sie dadurch die Möglichkeit haben würde, viele schöne Reisen zu machen. Mit zweiundzwanzig Jahren heiratete sie einen zwanzig Jahre älteren Mann, weil dieser ihr einen angenehmen gesellschaftlichen Rahmen bieten konnte, und weil sie sich nicht, wie ihre Schwestern, mit den mageren Einkünften eines höheren Beamten abplagen wollte.

Sie ist in allen Lebensäußerungen darauf eingestellt, sich an die Konvention zu halten und das, was diese vorschreibt, auch innerlich zu bejahen. Dabei stellt sie sich verhältnismäßig früh auf ein bestimmtes gesellschaftliches oder soziales Niveau ein – es gibt ja Konventionen auf jedem Niveau –, und sie hält diese Vorstellung dann mit erstaunlicher Zähigkeit über ihre Entwicklung und auch über die späteren erwachsenen Lebensjahre durch. Es geht ihr schließlich um eine bestimmte Form gesellschaftlichen Lebens, die sie aus dem Erleben und der Beobachtung übernommen hat, die sie dann aber im Sinne einer rationalen Zielbildung mit nüchterner Überlegung in allen Einzelheiten ausgebaut hat. Es liegt nahe, daß sie sich im gesellschaftlichen Niveau gern ein wenig höher orientiert, als es ihrer Herkunft entspricht. Dabei weiß sie mit Wirklichkeitssinn abzuschätzen, ob etwas für sie erreichbar ist oder nicht. Andererseits ist sie sich bereits früh darüber im klaren, daß die genaue Beobachtung der Konventionen und der geltenden Formen eine Voraussetzung für ein volles Aufgehen in einem solchen Lebensrahmen bedeutet. Für sie ist verpflichtend, was »man« tut oder nicht tut. Dabei ist das »man« immer auf die erstrebte gesellschaftliche Schicht bezogen. Im übrigen weiß sie sehr wohl die Grenzen zu wahren, ihr Streben geht nie ins Uferlose. Sie ist im Vollzug dieses sinnvoll begrenzten Strebens durchaus zu Verzichten bereit.

Damit ein Kind in die Lebensform der Konventionellen hineinwachsen kann, ist eine Voraussetzung notwendig: es darf nicht allzu starke innere Antriebe haben. Zumindest muß das Bedürfnis nach Selbstentfaltung gering sein, und die vorhandenen Antriebe müssen in das Nachschaffen vorgegebener Aufgaben einmünden. Diese Anpassung ist nicht eine solche aus Schwäche und Mangel an Selbstbehauptungskraft, sondern eine bewußt erstrebte und gewollte Lebensökonomie, die das Risiko vermeidet, die sich im Ausgriff zurückhält, dafür aber im selbstgewählten Rahmen alle Vorteile einer erleichterten Lebensmeisterung und Selbstbestätigung findet.

Wie entfaltet sich die Persönlichkeit?
– Persönlichkeitspsychologie –

Wir nehmen die Welt um uns herum wahr, diese Wahrnehmungen regen uns zum Denken an. Mit diesem an sich schon vielgestaltigen seelischen Geschehen begegnen wir uns aber noch im Bereich des Aufnehmens, des Empfangens, des Verarbeitens, bleiben wir im ganzen noch immer passiv der Umwelt gegenüber. Darin erschöpft sich aber das wirkliche Leben keineswegs. Unser Leben vollzieht sich weitgehend in Handlungen, und es erhält durch die Handlungen erst seinen eigentlichen Akzent. Was bewegt uns dazu, aus der passiven Haltung des Aufnehmens herauszutreten und uns im Tun zu aktivieren?

Reflexhandlungen

Die primitivste und einfachste Form von Handlungen ist die Reflexhandlung, die ohne unser Bewußtsein abläuft.

Ich sitze zum Beispiel im Garten und lese ein Buch. Plötzlich kommt ein Ball aus dem Nachbargarten herübergeflogen und bewegt sich dicht an meinem Kopf vorbei. Ich ziehe unwillkürlich, also ohne Beteiligung des bewußten Willens, meinen Kopf fort. Bis dahin läuft die Reaktion völlig unbewußt ab, erst anschließend kann ich mir mehr oder weniger der Störung bewußt werden.

Der Ablauf dieser Schutzreaktion ist charakteristisch für alle Reflexhandlungen: Ein äußerer Reiz wird von dem Sinnesorgan aufgenommen und im Mittelhirn über eine andere Nervenleitung zum oberen Rückenmark geleitet, wo ein Impuls auf die Bewegung der Muskeln ausgelöst wird. Das läuft in Bruchteilen von Sekunden ab und bleibt ganz innerhalb des Reiz-Reaktions-Schemas ohne Beteiligung von Bewußtsein und Willen. Derartige Handlungen sind sehr zahlreich und werden im wachen Leben ebenso wie im Schlaf immer wieder vollzogen. Beispiel: Der aus der Bettdecke herausgeglittene Fuß wird kalt, und man zieht ihn wieder unter die Bettdecke. Aber damit ist nur eine Gruppe von Handlungen erfaßt, die vorwiegend der Selbsterhaltung dienen und als Primitivhandlungen erst eine Vorstufe spezifisch menschlicher Lebensentfaltung bleiben.

Andere Handlungen unseres Alltags vollziehen wir halbbewußt

oder unbewußt, weil sie durch lange Gewohnheit »automatisiert« worden sind. Ich verlasse das Haus und schließe gewohnheitsmäßig die Tür ab. Nachdem ich die Straße erreicht habe, versuche ich mich zu erinnern, ob ich die Tür abgeschlossen habe oder nicht, und ich kann es nicht mehr feststellen, weil der Vorgang des Türabschließens, ebenfalls ein verwickelter motorischer Vorgang, unbewußt abgelaufen ist. »Türabschließen« ist jedoch keine echte Reflexhandlung, wenn auch der Ablauf einer solchen insofern gleicht, als eine bewußte Steuerung des Handlungsablaufes nicht benötigt wird. Daß wir viele Handlungen im Alltag auf diese Weise vollziehen können, bedeutet eine wesentliche Entlastung unseres Willens.

Triebhaft bedingte Handlungen

Die wichtigsten Handlungen unseres Lebens können ganz ohne äußeren Reiz entstehen, sie verlaufen aber unter voller Beteiligung und zielgerichteter Direktion des Bewußtseins. Wie kommen diese zustande, und was geht bei ihnen vor?

Ich befinde mich im Urlaub auf einer Wanderung in einer mir bisher fremden Gegend. Plötzlich stellt sich ein Hungergefühl ein, und es drängt mich – ohne daß ich mir verstandesmäßig vorgenommen habe, Mittag zu essen –, nach einem Wirtshaus zu suchen. Ich spreche den nächsten Menschen an, dem ich begegne, ich erkundige mich nach der Entfernung, nach der Güte des Wirtshauses, ich vergleiche es mit einem etwas entfernter liegenden und fasse schließlich den Entschluß, doch im ersten einzukehren, weil der Hunger sich immer stärker meldet.

Was ist es, das diese ganze Kette von Handlungen und Überlegungen – bei der ich auf das Ziel »Essen« hin Wahrnehmung, Denken, Gedächtnis und Beobachtung einsetze – auslöst? Offensichtlich der Nahrungstrieb, der im unbefriedigten Zustand das Hungergefühl auslöst, ohne daß mein Bewußtsein darauf gerichtet ist: Damit haben wir einen der einfachsten Triebe, die bei Menschen ebenso wie beim Tier vorhanden sind, erwähnt und bei ihm gleichzeitig das Ablaufschema »unbewußtes Auftreten eines Dranges – Entstehung eines Unlustgefühles – Bewußtwerden – Auslösen einer Willenshandlung« erfahren.

Der Trieb ist nicht eine Sonderfunktion neben anderen seelischen Funktionen, er bestimmt das gesamte seelische Erleben mit geringerer oder größerer Bewußtseinsklarheit. Er hebt sich dadurch von den seelischen Einzelfunktionen ab, daß er nicht eine Fähigkeit, sondern eine seelische Kraft, eine treibende Kraft ist.

Einteilung der Triebe. – Eine Übersicht der verschiedenen Triebe kann nur in einer groben Einteilung gegeben werden, weil eine klare Trennung und eine präzise Systematik von der Sache her nicht möglich ist. Die folgende Einteilung nach Rohracher ist für uns recht praktisch:

1. *Vitale Triebe*
   Sie dienen der Erhaltung der eigenen Existenz und der Gattung. Zu ihnen gehören: Nahrungstrieb, Geschlechtstrieb, Selbsterhaltungstrieb, Fluchttrieb, Pflegetrieb, Schlaftrieb, Trieb zur Erhaltung des Wärmehaushaltes, Bewegungstrieb.
2. *Soziale Triebe*
   Sie dienen der Bildung einer Gemeinschaft und der Sicherung der eigenen Stellung innerhalb der Gemeinschaft. Zu ihnen gehören: Kontaktbedürfnis, Geltungsbedürfnis, Machtbedürfnis, Besitzbedürfnis, Hilfsbereitschaft.
3. *Genußtriebe*
   Sie dienen dem Lustgewinn und der Steigerung des individuellen Wohlbehagens. Zu ihnen gehören: Verlangen nach Alkohol, Nikotin, Süßigkeiten, Körperpflege, Bequemlichkeit und allem, was einen verfeinerten Reiz auf unsere Sinnesorgane auszuüben vermag.
4. *Kulturtriebe*
   Sie dienen der kulturellen Weiterentwicklung des Einzelmenschen und der Gattung. Zu ihnen gehören: Erkenntnistrieb, Drang zur künstlerischen Gestaltung, metaphysische (philosophische, religiöse) Bedürfnisse, Drang zur individuellen Produktivität.

Instinkt. – Er ist ein artmäßig angeborener Trieb, der zu Instinkthandlungen führt, die im Sinne der Lebens- und Arterhaltung zweckmäßig sind. (Daher die Bezeichnung »vitale Triebe«.) Instinkte sind die eigentlichen Triebfedern des Handelns bei den Tieren; sei werden abgewandelt und ergänzt durch Erfahrungen, sie setzen sich aber immer wieder mit elementarer Zwangsläufigkeit durch.

Als treffendes Beispiel mag uns der Instinkt zum Nestbauen bei den Vögeln dienen. Sein Sinn liegt in der Schaffung der Voraussetzungen für die Aufzucht der Nachkommenschaft, also in der Arterhaltung. Dieser Instinkt löst eine Reihe außerordentlich zweckmäßiger und schwieriger Handlungen aus. Bereits in der Wahl des Nestplatzes macht sich ein artbestimmtes Wissen um Gefahren für die Nachkommenschaft bemerkbar, ein »Wissen« allerdings, das keineswegs wie menschliches Wissen bewußt erlebt, sondern eben mit dem Instinkt vererbt wird. Solche Instinkte – etwa der der Nahrungssuche – sind bei Tieren so eindeutig vererbt, daß selbst ganz junge Tiere, wie die eben aus dem Ei geschlüpften Küken, sofort in ihrer Umgebung die für sie zuträgliche Nahrung suchen und finden.

Bei den Menschen tritt das rein instinktive Handeln zurück hinter bewußtem Handeln. Immerhin sind in den vitalen Trieben noch die Grundlagen instinktiven Verhaltens gegeben, wenn dann auch nach kurzer Zeit der instinktive Impuls ins Bewußtsein tritt und von da an unter die Kontrolle des Willens gerät. Unter dem Einfluß dieser Kontrolle kann der Instinkt dann in seiner Intensität gebremst, im Ziel umdirigiert und verstandesmäßig verarbeitet werden. Der Trieb selbst ist auch beim Menschen »autogen«, das heißt selbst entstehend. Er kommt, ohne daß man ihn gewollt hat, er wird laufend stärker, bis er befriedigt ist oder bis andere – verstandesmäßige und willentliche – Einflüsse sich gegen ihn durchgesetzt haben. Der hungrige Mensch stürzt sich nicht auf die erste beste Nahrung, sondern er überlegt, ob sie ihm zur Verfügung steht, wie er sie erreichen kann, ob sie ihm bekömmlich ist, er wahrt bestimmte Formen bei der Einnahme der Nahrung und so fort.

Gemeinschaft. – Findet man bei den vitalen Trieben bereits einen Einfluß des Verstandes und des Willens, so ist das um so mehr bei den höheren, den sozialen und kulturellen Trieben der Fall. Hier ist der Trieb nur noch die Ausgangsbasis, der Anstoß oder der Motor für das Denken und Handeln in diesen Bereichen.

Die sozialen Triebe kreisen um die Stellung des Menschen innerhalb der Gemeinschaft. Da der Mensch kein Einzelwesen, sondern seinem Wesen nach auf das Zusammenleben mit anderen Menschen angelegt ist, bleibt die Auseinandersetzung mit den Partnern der Gemeinschaft seine ständige Aufgabe. In dieser Auseinandersetzung wird der Trieb zur Selbstbehauptung, zur Schaffung einer sozialen Position sichtbar. Sich in der Kleidung zu schmücken, seine Kräfte zur Schau zu stellen, mit seinem Besitz Eindruck zu machen, seine Macht oder Befehlsgewalt auszukosten, mit der intellektuellen Überlegenheit zu brillieren, das alles sind Mittel, durch die der einzelne versucht, sein individuelles Prestige innerhalb der Gemeinschaft zu stärken. Hinter allem steht der Trieb zur sozialen Behauptung und Durchsetzung.

Interesse und Kultur. – Weder allein in der biologischen Lebensfristung noch allein in der sozialen Behauptung erfüllt sich der Mensch. So wird gerade die dritte Gruppe der Triebe für sein Menschsein charakteristisch. Es geht hier um geistig kulturelle Bedürfnisse, hinter denen der Trieb zur individuellen Selbstentfaltung im Denken und Handeln steht. Strebungen des Hinauswollens über den elementaren Lebensvollzug, Erlebnisse der Wertverwirklichung sind hier maßgebend. Wir sprechen in diesem Falle auch von den Interessen und meinen, der ursprünglichen Bedeutung des Wortes gemäß, das Bedürfnis nach Dabeisein, nach Teilhabe an dem kulturellen, geistigen Geschehen, das Bedürfnis, sich selbst durch die Verwirklichung objektiver Werte einen höheren Rang zu geben.

Wie anders wäre sonst das Streben nach Erkenntnis und Wahrheit zu verstehen, wenn nicht darin ein Wert an sich läge, dessen Verwirklichung dem Menschen eine höhere Würde verliehe als die bloße Instinktbefriedigung oder soziale Durchsetzung?

Instinkte – Triebe – Interessen bedeuten jeweils einen ursprünglichen menschlichen Drang auf einer anderen Ebene des Lebensvollzugs. Alle drei bilden die dynamischen Kräfte, die die vorhandenen seelischen Funktionen aktivieren und zur Entfaltung treiben. Ohne dieses selbständige Kraftzentrum wäre der Mensch nicht das, was er ist, ein Wesen, das nicht nur etwas aufnehmen kann und mit sich geschehen läßt, sondern von sich aus etwas vollbringen kann und die Erde im eigenen Tätigsein zu verändern vermag.

Triebstärke und Sucht. – Allerdings sind die Triebe von sehr unterschiedlicher Intensität. In Tierversuchen hat man experimentell folgende Reihenfolge der vitalen Triebe festgestellt: Muttertrieb – Trinktrieb – Nahrungstrieb – Geschlechtstrieb. Aber auch bei Tieren gibt es bereits individuelle Unterschiede, die diese Rangreihe verschieben können. Beim Menschen kommen die höheren Triebe, die Interessen, hinzu, und diese können einen so starken Einfluß gewinnen, daß die vitalen Triebe dahinter zurücktreten. Geistige Interessen können sich so stark durchsetzen, daß der Trieb zur Existenzerhaltung auf ein Minimum reduziert wird. Der geistige Mensch, der sich mit einem geringen Lebensstandard begnügt, kommt auch heute noch vor.

Auf der anderen Seite können Genußtriebe – und zwar vorwiegend solche, die über den vitalen Nahrungstrieb hinaus erworben wurden – eine übermächtige Intensität erreichen. Wir sprechen dann von einer Sucht. Kennzeichnend für die Sucht ist es, daß sie zu schneller Befriedigung drängt und von solcher Stärke ist, daß sie den Süchtigen veranlaßt, alle Schranken der Einsicht und der ethischen Normen zu überspringen, bis diese Befriedigung erreicht ist. Der Morphinist, der gegen das Gesetz verstößt, um sich Morphium zu verschaffen, der Alkoholiker, der sich gesundheitlich und seine Familie wirtschaftlich ruiniert, sind aufschlußreiche Beispiele.

Süchte sind nicht auf den Genußtrieb beschränkt. Es gibt eine Geltungssucht – oft entstanden aus dem negativen Erlebnis der Nichtbefriedigung des Anerkennungsbedürfnisses –, die den Menschen so ausfüllen kann, daß er sein gesamtes Tun und Verhalten diesem übermächtigen Drang unterordnet. So kann es kommen, daß er sich in wirtschaftliche Schwierigkeiten bringt und zu unredlichen Handlungen verleiten läßt, um seiner Umgebung zu imponieren und ihr in irgendeiner Weise Anerkennung abzuzwingen. Das Verbrechen aus Geltungssucht, das neuerdings gerade in wirtschaftlich gut situierten Gesellschaftskreisen bei jungen Menschen auftritt, ist dafür ein Beleg.

Triebverzicht. – Es muß noch erwähnt werden, daß verschiedene Triebe sich gegenseitig aufzuheben vermögen, wenn sie gegeneinander wirksam werden. Die Mutter, die sich in ein brennendes Haus stürzt, folgt ihrem Muttertrieb und überwindet den Selbsterhaltungstrieb, der sie zu einem Zurückweichen vor der Gefahr drängt. Ebenso wie ein Trieb durch einen entgegenwirkenden Trieb aufgehoben werden kann, kann er durch den Willen gebremst, gehemmt und unterdrückt werden. Hier werden die ethischen Normen einer Gesellschaftsordnung wirksam, und es ist eine wesentliche

Aufgabe der Erziehung, Kinder frühzeitig an eine Regulierung des Trieblebens und in gewissem Umfang auch an den Triebverzicht zu gewöhnen.

Der Trieb ist stets gebunden an die individuelle Person. Wenn er sich ohne Hemmungen bis zur Befriedigung durchsetzen will, dann geht das in einer Gemeinschaft fast immer auf Kosten der anderen. So ist die Zügelung des Trieblebens durch die Anerkennung und Befolgung bestimmter Normen und Spielregeln der Gesellschaft eine wesentliche Voraussetzung der Zivilisation und Kultur. Ein Mensch, der seinen Trieben hemmungslos nachgibt, wird von uns deshalb auch als unkultiviert empfunden; gerade in alten Kulturen gibt es bis ins einzelne gehende Vorschriften und Formen, die dazu angetan sind, das Verhalten der Menschen zu regulieren und ihre Triebregungen so weit wie möglich einzufangen.

Dabei können dann Triebstauungen entstehen, die zu einem relativ hohen inneren Spannungspotential führen. Deshalb geben solche Ordnungen nach einer Zeit angespannter Selbstkontrolle im allgemeinen ein Ventil für das Sichausleben frei. Wer im Fasten die Zügelung des Nahrungs- und Genußtriebes verlangt, gibt vielleicht dafür im rauschhaften Fest eine Lösungsmöglichkeit, die eine Triebstauung zum Ausgleich braucht.

Gefühle

Unser gesamtes seelisches Leben wird von Gefühlen begleitet und durchdrungen. Bereits bei dem Erlebnis und der Aufnahme der Umwelt werden Gefühle wirksam, oft sogar vor jeder gedanklichen Verarbeitung. Andererseits können Gefühle als Motive unseres Handelns wirksam werden. Wenn eine begonnene Handlung – angeregt entweder durch die Reize der Umwelt oder durch triebhafte Impulse – von positiven, angenehmen Gefühlen begleitet ist, dann wird von diesen Gefühlen ein Anreiz ausgehen, den derzeitigen Zustand festzuhalten oder die begonnene Handlung in gleicher Weise fortzusetzen. Ist das Gefühlsgeschehen dabei negativ, dann entsteht ein Impuls, der zum Wechsel, zur Änderung der Situation drängt.

Gefühle sind keine Einzelfunktionen, wie etwa spezielle Begabungen – wie man früher angenommen hat –, sondern es sind primäre, also ganz elementare und ursprünglich vorhandene Erlebnisqualitäten, die beim Erleben, Denken, Handeln vorhanden sind, die unser ganzes Leben beeinflussen und ihm überhaupt erst die Farbe geben. Diese Erkenntnis geht auf Felix Krueger, den berühmten Leipziger Psychologen, zurück, der gerade die Ursprünglichkeit und Bedeutsamkeit der Gefühle gegenüber allen anderen seelischen Entfaltungsformen herausgestellt hat.

Was wissen wir über die Gefühle?

»Ich fühle mich heute nicht gut«, sagt man, um einen bestimmten Zustand des Befindens zu kennzeichnen.

»Ich habe mich gestern sehr über meinen Freund geärgert«, bedeutet das Erlebnis der Unzufriedenheit mit dem Verhalten eines anderen Menschen. »Ich freue mich über das Geschenk, das ich zum Geburtstag erhielt«, »Ich habe Mitleid mit einem Kranken«, »Ich liebe meinen Sohn«, »Ich war ergriffen von dem Buch, das ich gestern las.« Alle diese Aussagen betreffen Zustandserlebnisse unserer eigenen Person. Wir bezeichnen sie als Gefühle.

Gefühle unterscheiden sich grundsätzlich von Wahrnehmungen und vom Denken, obwohl beides von Gefühlen begleitet sein kann. Die Beziehungen zwischen Gefühlserlebnissen und körperlichen Vorgängen sind im letzten noch nicht geklärt, wir wissen aber, daß solche Beziehungen bestehen; wir weinen, wenn wir traurig sind; wir erröten, wenn wir verlegen sind; wir bekommen Herzklopfen, wenn wir uns aufregen. Aber ebenso wie körperliche Veränderungen als Begleiterscheinungen unserer Gefühle auftreten können, so bilden körperliche Erscheinungen mitunter die Grundlage für bestimmte Gefühle. Wir fühlen den Schmerz einer Wunde, wir fühlen den Krampf eines nicht funktionierenden Organs, wir fühlen das Unbehagen eines gestörten Stoffwechsels, und wir fühlen die Angst eines aussetzenden Herzens.

Es liegt deshalb nahe, nach einer Ordnung des vielgestaltigen Gefühlsgeschehens zu suchen. Dieses Bemühen hat die Forscher seit Generationen beschäftigt, und jedes Ordnungsprinzip hat immer wieder die Kritik herausgefordert. Wir beobachten, daß die unmittelbarste und vom Verstand unabhängigste Erlebnisform sich auch der verstandesmäßigen Ordnung und Gliederung am hartnäckigsten entzieht. Als Hilfsschema scheint uns die Gliederung von Rohracher wertvoll zu sein:

1. *Empfindungsbedingte Gefühle*
Sie entstehen auf Grund von Sinnesempfindungen und lassen uns damit den Zustand unseres Körpers im Bewußtsein erleben. (Beispiele: Schmerz, Wärme, Kälte, Nässe, Geruch, Geschmack, Frische, Müdigkeit.)
2. *Triebbedingte Gefühle*
a) Vitale Triebgefühle. Sie entstehen im Zusammenhang mit der Befriedigung oder Nichtbefriedigung elementarer Triebe. (Beispiele: Hunger, Durst, Furcht, Angst, Grauen, sexuelle Gefühle.)
b) Soziale Triebgefühle. Sie entstehen bei der Befriedigung oder Nichtbefriedigung sozialer Triebe und Bedürfnisse. (Beispiele: Ehrgeiz, Neid, Eifersucht, Machtgefühl, Abhängigkeitsgefühl.)
3. *Persönlichkeitsbedingte Gefühle*
Sie entstehen, indem die Persönlichkeit zu Erlebnissen oder Erfahrungen Stellung nimmt. Diese Stellungnahme erfolgt unmittelbar und unwillkürlich, sie entsteht von selbst entweder in zustimmender oder in ablehnender Art. Zu dieser Gruppe von Gefühlen gehören:
a) religiöse Gefühle (Demut, Geborgenheit)
b) ethische Gefühle (Recht, Unrecht)
c) ästhetische Gefühle (schön, häßlich)
d) logische Gefühle (richtig, falsch)
e) Sympathie- und Mitgefühle (Bejahung, Ablehnung)
f) Gerechtigkeits-, Takt- und Anstandsgefühle (Achtung, Mißachtung)

Diese Ordnung zeigt uns, daß Gefühle in ganz verschiedenen Dimensionen menschlichen Lebens wirksam werden. Es kann sich um das Erlebnis der Körperlichkeit handeln (Leibesgefühle), sie bedeuten dann eine »erlebnismäßige Spiegelung unseres Organgeschehens«.

Es kann sich ferner um die Schicht der Triebe und Bedürfnisse handeln, die als treibende Kräfte das Verhalten und Handeln anregen und aktivieren. Und das wiederum kann die elementare individuelle Existenz betreffen oder aber die Einordnung des Menschen in das Sozialgefüge mitmenschlicher Beziehungen. Schließlich handelt es sich um das Erlebnis der geistig-seelischen Persönlichkeit innerhalb des Weltganzen.

Da der Mensch gleichzeitig in diesen unterschiedlichen Schichten der Körperlichkeit, des »endothymen Grundes« und des »noetischen Oberbaus« (nach Lersch) lebt, entstehen mit diesem Leben Gefühle, die den jeweiligen Zustand und die Stellungnahme zu den Erlebnissen gegenwärtig werden lassen.

Wichtig ist, daß alle Gefühle nach dem positiven Pol der Lust oder dem negativen Pol der Unlust ausgerichtet sind. Zustimmung und Ablehnung, Wohlbefinden und Unbehagen, Zufriedenheit und Unzufriedenheit klingen in diesen Gefühlen mit an. Dabei können Gefühle von sehr unterschiedlicher Intensität sein. Man kann mit einem bestimmten Gefühl nur oberflächlich ansprechen, und es kann dasselbe Gefühl den Akzent großer Tiefe tragen. Das hängt von der Intensität der Eindrücke ebenso ab wie von der stärkeren oder schwächeren Ansprechbarkeit der Persönlichkeit.

Gefühle können begleitet sein vom Erlebnis der Erregung oder der Beruhigung, der Spannung oder Entspannung. Dabei wird Erregung und Spannung meistens gekoppelt sein mit Unlust, Entspannung und Beruhigung mit Lust. Aber Gefühle können sich auch überkreuzen, gegenseitig durchdringen, gegeneinanderstehen und sich aufheben. In den meisten Fällen sind gleichzeitig mehrere Gefühle vorhanden, wobei das eine vom anderen überstrahlt und dementsprechend gefärbt werden kann.

Der Lügendetektor. – Gefühle sind mit Spannungen und Erregungen verbunden, die auch die Organfunktion betreffen; darauf beruht die Erfindung des sogenannten »Lügendetektors«. Durch dieses Gerät werden einige Organreaktionen gemeinschaftlich aufgenommen. Ihre jeweilige Veränderung soll auf die beim Lügen auftretenden Gefühlserlebnisse hinweisen.

Die Grundlagen des »Lügendetektors« kann man sich an Hand der Abbildung vergegenwärtigen. Hier sind drei Kurven aufgezeichnet, von denen die obere die Atmung, die mittlere den elektrischen Hautwiderstand und die untere den Blutdruck widerspiegeln. An den gekennzeichneten Stellen wurde durch die Aufgabe, unvollständige Sätze zu ergänzen, ein Gefühlserlebnis ausgelöst. Und zwar erhielt in diesem Falle die Versuchsperson folgende Satzanfänge zugesprochen: »Am liebsten möchte ich . . .«, »Ich schäme mich, daß . . .« Der Ausschlag, der in allen drei Kurven deutlich sichtbar ist, weist auf die Gefühlsreaktionen hin. Soweit sind die

Grundlagen ganz klar. Die Verwendung als Prüfmittel für die Ehrlichkeit einer Aussage bleibt aber trotzdem sehr problematisch. Auch der unschuldig Angeklagte wird in einer Vernehmungssituation erregt sein und kann Gefühlsreaktionen zeigen, ebenso wie der abgebrühte Lügner ohne jede Gefühlsbeteiligung zu lügen versteht. Deshalb ist auch die Verwendung dieser – in Amerika zeitweise stark benutzten und auch bei uns lebhaft diskutierten – Methode bei deutschen Gerichten nicht zugelassen.

Grundsätzlich und in jedem Fall kann man sagen: Gefühle sind immer Zustandserlebnisse, sie sind nicht einzelne Vorgänge, sie breiten sich über das ganze Bewußtsein und das unbewußte Geschehen aus, sie sind nicht an einen äußeren Einfluß gebunden und hängen von der Ansprechbarkeit der Person ab. Gefühle treten ohne Mit-

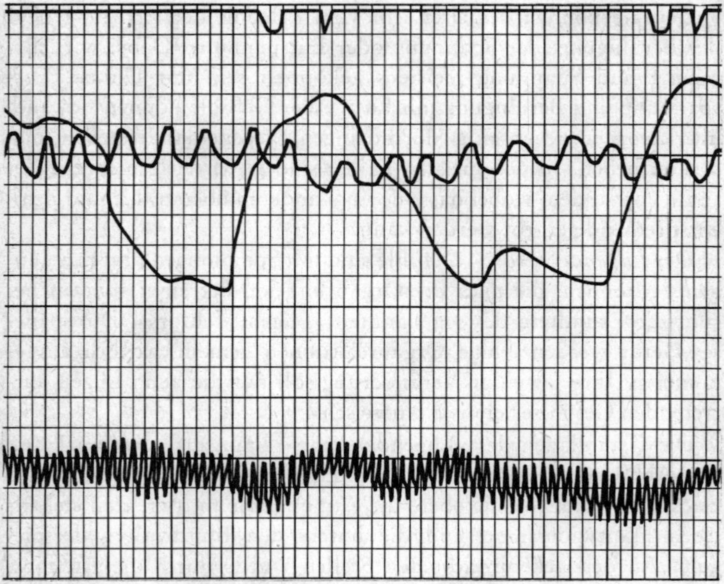

Grundlagen des Lügendetektors. – »Am liebsten möchte ich . . .« und »Ich schäme mich, daß . . .« wurde der Versuchsperson an den gekennzeichneten Stellen (ganz oben) zugesprochen. Die Polygraph-Aufnahme gibt ihre Reaktion in Form der Schwingungskurven von Atmung (oben), elektrischem Hautwiderstand (Mitte) und Blutdruck (unten) wieder.

wirkung des Bewußtseins auf. Sie kommen ungewollt, ohne besonderes Zutun.

Gefühle sind seelische Reaktionen auf äußere oder innere Ereignisse. Die meisten Gefühle werden als angenehm oder unangenehm empfunden, sie können an einen bestimmten Punkt der Skala von Lust bis Unlust eingeordnet werden.

Wille

Bei allen Handlungen – soweit sie nicht trieb- oder reflexbedingt sind – ist der Wille für die Auslösung der Handlung, für die Richtung, den Weg, das Tempo und den Stil des Handelns bestimmend. Willenshandlungen laufen in einer Reihe aufeinanderfolgender Etappen ab: Motivation (Antrieb) – Wahlentscheidung – Entschluß – Verwirklichung.

Motivation. – Ich will mir einen Anzug kaufen. Das Motiv für diesen Kauf kann einmal in einem Trieb gegeben sein, etwa im Geltungstrieb. Es kann aber auch der Vitaltrieb des Wärmebedürfnisses maßgebend sein, der in einem bestimmten Klima die Menschen dazu nötigt, sich zu kleiden. Ferner kann die Verpflichtung gegenüber den Normen und Gepflogenheiten der Gesellschaft zum Kaufmotiv werden. Es kann das Motiv vorliegen, mit einem neuen Anzug und einer würdigen Kleidung einem Menschen, den man achtet, schätzt oder liebt, seine Achtung zu bezeigen.

Allgemein ist zu sagen, daß die Motivation unseres Handelns in den verschiedensten seelischen Bezirken begründet liegt. Triebe, Gefühle, Einsichten können gleichzeitig und unterschiedlich stark wirksam werden, um ein Motiv stärker oder schwächer in Erscheinung treten zu lassen. Dabei muß gleichzeitig beachtet werden, daß Motive bewußt und unbewußt zum Zuge kommen können und daß oft die unbewußten Motive keineswegs von geringerer Bedeutung sind als die bewußten.

Aus dieser Erkenntnis hat sich neuerdings ein ganzer Zweig der Forschung, die sogenannte Motivforschung, entwickelt, die die Motive für das Konsumverhalten, das politische Handeln und die Einstellung und das Verhalten in bestimmten beruflichen Lebensbereichen zu erforschen versucht.

Wahlentscheidung. – Unter verschiedenen Trieben, Bedürfnissen, Gefühlen und Einsichten, die mit einem bestimmten Sachverhalt zusammenhängen, muß eine Entscheidung getroffen werden. Solange diese nicht vorliegt, erlebt der Mensch das Gegen- oder Auseinander seiner Antriebe als innere Beunruhigung. Er erlebt sich hin und her gerissen zwischen dem einen oder dem anderen Wunsch (Motiv) oder zwischen Wollen und Nichtwollen. Erst wenn die Entscheidung gefallen ist, tritt ein Ausgleich ein, seine Strebungen erhalten eine Richtung, seine Gefühle werden auf einen Punkt hin orientiert. Wie kommt diese Entscheidung, die immer eine Auswahl zwischen mehreren Möglichkeiten darstellt, zustande?

Die Annahme, daß sich hierbei einfach der stärkere Trieb gegenüber dem schwächeren durchsetzt, ist zwar für den Bereich des tierischen Handelns richtig, sie trifft aber für den Menschen durchaus nicht immer zu. Da der Mensch die Fähigkeit bewußten Denkens besitzt, und da er weiterhin ein Wertbewußtsein hat – das vor allem in der gefühlsmäßigen Bejahung gültiger Normen seines Lebensbereiches besteht –, geht der Entscheidung zwischen den Motiven eine Wertung voraus.

Diese Wertung vollzieht die Vernunft. Sie ist die erkennende und zugleich wertende Instanz und unterscheidet sich damit deutlich vom Verstand, der allein feststellenden Charakter hat, also Urteile fällt über das, was ist. Die Vernunft fällt aber ein Urteil darüber, was sein soll. Sie hat damit die steuernde Funktion für das Verhalten und Handeln des Menschen, der ohne diese Steuerung richtungslos zwischen den verschiedenen Motiven hin und her gerissen würde. Klages hat das anschauliche Bild gebraucht, das die Motive mit der Strömung und dem Wind vergleicht, die auf ein Segelboot einwirken. Die Vernunft nun bedeutet das Steuer, das den Menschen – verglichen mit dem Segelboot – in eine bestimmte Richtung lenkt. Ohne die treibende Kraft käme keine Bewegung – kein Handeln – zustande, ohne Steuerung bliebe die Richtung unsicher, sie würde sich aus der Stärke der jeweiligen Antriebe ergeben.

Entschluß. – Die Wahlentscheidung bedeutet vorerst allerdings nur eine theoretische Stellungnahme. Damit es zum Handeln kommt, ist der Entschluß notwendig, das, wofür man sich entschieden hat, in die Tat umzusetzen.

Ich habe mich für einen ganz bestimmten Anzug einer ganz bestimmten Preislage in einem ganz bestimmten Geschäft entschieden. Es fehlt nur noch der Entschluß, das für richtig Befundene zu verwirklichen, das Geschäft zu betreten und den Kauf zu tätigen. Gerade aus der Verkaufspsychologie wissen wir aber, daß es oft nicht zu diesem Entschluß kommt, obwohl in der Entscheidung alle Voraussetzungen dafür geschaffen waren. Vollzug oder Nichtvollzug hängen weitgehend von der individuellen Persönlichkeit ab – es gibt entschlußfreudige und zögernde Menschen.

Hier spielen die von Narziß Ach so eingehend erforschten determinisierenden Tendenzen eine Rolle. Damit ist gemeint, daß durch eine Voreinstellung, die ganz unbewußt entstanden sein kann, der Entschluß beeinflußt wird. Ich kann zum Beispiel durch die Einstellung auf eine mir wichtige persönliche Begegnung auf einem Fest, die mir gar nicht bewußt zu sein braucht, in meinem Entschluß, einen Abendanzug zu kaufen, wesentlich gefördert werden.

Verwirklichung. – Wenn es um einen einmaligen Akt des Handelns geht, wie etwa beim Einkauf, dann folgt die Verwirklichung unmittelbar dem Entschluß und bietet weiter keine Probleme. Wenn es sich aber um einen langandauernden Handlungsablauf handelt, wenn vor allem das Ziel erst in näherer oder weiterer Zukunft zu erreichen ist, dann erfordert die Verwirklichung des Willensentschlusses Ausdauer, Zähigkeit, Konzentration und Standfestigkeit.

Es treten Motive auf, die von dem Entschluß ablenken können, es gibt Schwierigkeiten, die vorher nicht zu übersehen waren, es ist Anstrengung notwendig, die ermüdend wirkt, oder das Interesse erlahmt; die Möglichkeit, das Ziel aufzugeben und den Entschluß fallenzulassen, wird immer größer. Oft wird mit dem allgemeinen Begriff der »Willenskraft« genau diese Fähigkeit des Dranbleibens und die Intensität der Zielverfolgung gemeint.

Stil des Willensvorganges. – Wir haben gesehen, daß zwei Faktoren für den Willensvorgang entscheidend sind: die Antriebe und die Steuerung. Die Motive (Antriebe) geben den Anstoß, den Impuls zur Willenshandlung, die Steuerung bestimmt die Entscheidung über die Richtung, sie wirkt sich auch als Sammlung und Konzentration im Zuge der weiteren Verwirklichung des Zieles aus.

Damit diese beiden Faktoren zur Wirkung kommen können, ist eine Grundlage an seelischer Energie notwendig. Sie ist individuell unterschiedlich und wird bezeichnet als »Vitalität« der betreffenden

Person. Der Stil des Willensablaufes wird davon bestimmt, wie stark diese drei Wesensmerkmale individuell ausgeprägt sind und in welcher Kombination sie zusammentreffen. Damit ist dann – unabhängig vom Inhalt der Motive und Werte – der Rhythmus des Willensverlaufs festgelegt.

Bei schwacher Vitalität sind Belastbarkeit und Durchhaltefähigkeit gering. Der betreffende Mensch ist gezwungen, mit seinen Kräften hauszuhalten, weil er aus Erfahrung weiß oder unbewußt spürt, daß er schnell an die Grenze seiner Leistungsfähigkeit gerät. Das führt zur Vorsicht, zur Zurückhaltung im Entschluß und in der Zielverwirklichung, oder aber – im Versuch der Kompensation (des Ausgleichs einer Schwäche) – zur persönlichen Überforderung.

Umgekehrt verführt eine starke Vitalität dazu, daß die betreffende Person sich zuviel zutraut, daß sie unbekümmert viel riskiert und in gelassenem Optimismus die Dinge an sich herankommen läßt.

Starke Dynamik führt im Zusammenhang mit geringer Vitalität zur äußersten Anspannung der vorhandenen Kräfte und im Zusammenhang mit starker Vitalität zu großer Stoßkraft des Wollens und einem bemerkenswerten Durchsetzungselan.

In allen Fällen wird die Steuerung, die Fähigkeit zur Selbstregulierung und Selbstkontrolle, darüber entscheiden, wie die mehr oder weniger aktivierten seelischen Energien eingesetzt werden. Starke Vitalität und starke Dynamik (also intensive Stoßkraft des Wollens) kann, gekoppelt mit geringer Steuerung, ins Leere verpuffen, weil keine klare Richtung, keine ausdauernde Konzentration, sondern ein sprunghaft zufälliges Tätigsein zustande kommt. Umgekehrt können mittlere Vitalität und ruhige Dynamik, gepaart mit starker Steuerung, zu einem besonnenen und wirkungsvollen Handeln führen.

So bestimmt die unterschiedliche Kombination dieser drei Faktoren den Stil des Willensvorgangs, unabhängig davon, welche Motive und welche Ziele dem Handeln den Inhalt geben.

Willenskraft und Willensschwäche. – Der sogenannte »starke« oder »schwache« Wille kann ganz verschieden begründet sein: Willensschwäche kann Antriebsschwäche bedeuten, es kann aber auch mangelnde Steuerung die Ursache sein, die eine zu geringe Konzentration auf das Ziel zur Folge hat. Sie kann schließlich auf einer mangelnden Durchhaltefähigkeit beruhen. Diese Unterschiede zu beachten ist wichtig, wenn man die Folgen der Willensschwäche richtig bewerten oder diese Eigenschaft pädagogisch beeinflussen will.

Ebenso hat der starke Wille verschiedene Wurzeln: Ungewöhnliche Belastbarkeit, starke Dynamik der Antriebe oder gesammelte Steuerung des Kräfteeinsatzes können jeweils zum Bild des willensstarken Menschen führen.

Aufbau der Persönlichkeit

Wahrnehmungen – Vorstellungen – Gedanken – Gefühle – Triebe und Willenshandlungen, alle diese Erscheinungen gemeinsam machen das seelische Leben des Menschen aus. Dabei wirken die seelischen Prozesse nicht isoliert, sondern in gegenseitiger Beeinflussung und Durchdringung. Sie gehören darüber hinaus ganz verschiedenen Bereichen an, und die Unterscheidung solcher Schichten innerhalb der Persönlichkeit kann dem Verständnis seelischen Geschehens wesentlich dienen.

Die Schichtenlehre der menschlichen Person geht auf den griechischen Philosophen Aristoteles zurück. Er unterschied die »vegetative« Seele als unterste Schicht, die allen Lebewesen eigen sei, die »animalische« Seele, welche die sinnliche Wahrnehmung, das sinnliche Begehren und die unwillkürlichen Bewegungen zustande bringe und den Pflanzen fehle, und die »vernünftige« Seele, die zum Denken und Wollen (über das triebhafte Begehren hinaus) befähigt sei und den Tieren fehle.

Das Leib-Seele-Problem

Das Leib-Seele-Problem hat die Denker zu allen Zeiten lebhaft beschäftigt. Wir wissen bis heute nicht genau, wie die vielfältigen Wechselwirkungen zwischen Leib und Seele zustande kommen. Wohl aber ist sicher, daß ein inniger Zusammenhang besteht. Der Leib bildet die »unterste«, elementarste Schicht des menschlichen Lebens,

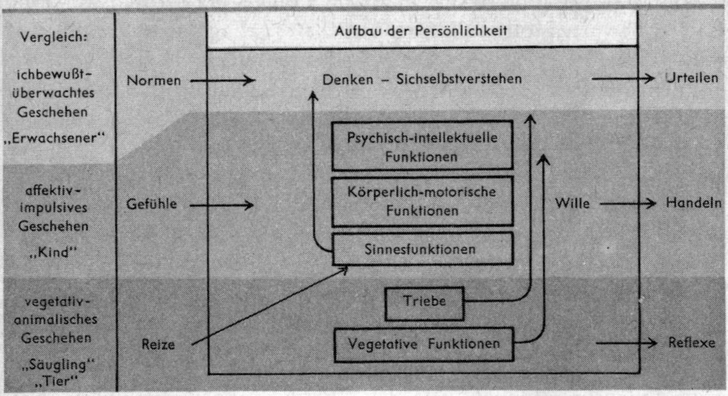

Aufbau der Persönlichkeit. – Drei Schichten kennzeichnen den Aufbau unserer Persönlichkeit: Aus den vegetativen Funktionen, die der Mensch mit dem Tier gemein hat, entspringen die Reflexe (Abwehrreaktion). Zusammen mit den innewohnenden Trieben und den von außen wirkenden Reizen stoßen sie in den nächsthöheren Bereich des Willens vor, aus dem das Handeln entspringt. Auf der obersten Ebene des ichbewußt-überwachten Geschehens wirken die von außen kommenden Normen der Gesellschaft und die aus den unteren Schichten aufsteigenden Einflüsse. Aus ihnen entwickelt der vernunftbegabte denkende Mensch sein Urteil.

in ihm spielt sich das physische Geschehen ab, dessen wir uns weitgehend nicht bewußt werden, solange es nicht durch Krankheit gestört wird.

Zwischen dem Leib und der nächsten Schicht, der seelischen Vitalschicht, die den Bereich unbewußten seelischen Geschehens umfaßt, besteht ein enger Zusammenhang. Die leiblichen Gefühle hängen mit den Körperempfindungen zusammen, die Stimmungen werden vom Wohlbefinden des Körpers mit beeinflußt, die Triebe sind durch innerkörperliche Vorgänge angeregt oder gehemmt. So wirken in diesem Bereich körperliches und seelisches Geschehen aufeinander ein, ohne daß eine scharfe Trennungslinie gezogen werden kann oder Ursache und Wirkung mit Sicherheit zu bestimmen sind. Auch gehen vom Seelischen Rückwirkungen auf das Körperliche aus. In der Angst werden körperliche Reaktionen vom seelischen Erleben her angeregt, die sich dann etwa im Schweißausbruch entladen. Seelisches Geschehen in dieser Primitivschicht bleibt weitgehend unbewußt, es reicht hinein in die nächste Schicht seelischen Erlebens, in der das Ich mehr oder weniger bewußt in Erscheinung tritt.

Selbstgefühle, in denen der Mensch sich selbst erlebt, wie etwa im gehobenen Selbstwertgefühl oder Eigenmachtgefühl oder im Minderwertigkeitsgefühl, können gekoppelt sein an den Primitivbereich der leiblichen Gefühle und Stimmungen. Ebenso werden die vom Ich auf das Du gerichteten Gefühle, wie das Mitgefühl, die Achtung oder die Schadenfreude und der Haß, oft von der untersten seelischen Schicht her mitgespeist. Aber je mehr diese Erlebnisse in das Bewußtsein dringen und in der Selbstreflexion verarbeitet werden, um so mehr geraten sie unter den Einfluß der obersten Schicht des Willens, der wiederum das Handeln bestimmt. In diesem Bereich spielt sich seelisches Leben im Licht des Bewußtseins ab, hier steht es unter Kontrolle eines urteilenden Verstandes und eines gerichteten Willens.

Alle die eben genannten Schichten durchdringen und beeinflussen sich. Die Herauslösung einzelner seelischer Vorgänge bedeutet immer eine künstliche und abstrakte Betrachtung, die für die Gewinnung bestimmter Erkenntnisse notwendig sein kann, die uns aber nie vergessen lassen darf, daß damit immer nur ein relativ einseitiger Aspekt, nie aber die ganze Fülle seelischen Lebens erfaßt werden kann.

Theorie von den seelischen Bereichen

In den letzten Jahrzehnten hat es sich eingebürgert, seelisches Leben in zwei Bereichen zu sehen: Lersch spricht von dem »endothymen Grund« und dem »neotischen Oberbau«, Rothacker von »Es-Schicht« und »Personschicht«, von Holzschuher von der »Primitivperson« und der »Ich-Person«. Alle diese Unterscheidungen weisen in dieselbe Richtung: Es geht um die Unterscheidung zweier Bereiche, von denen der eine alles umfassen soll, was dem bewußten, verstandesmäßig verarbeiteten Erleben zuzurechnen ist, der andere alles, was unbewußt oder vorbewußt zur Entfaltung kommt. Die Entdeckung unbewußten seelischen Geschehens und seiner außerordentlich nachhaltigen Wirkung auf den Menschen geht auf Sigmund Freud zurück, dessen Lehre im Kapitel »Tiefenpsychologie« näher behandelt wird. Man hatte lange Zeit geglaubt, nur das als seelisch bedeutsam annehmen zu müssen, was dem Bewußtsein zugänglich war. Auch heute noch wird in der praktischen Erfahrung vielfach das als seelisch unwesentlich ignoriert, was nicht dem bewußten Verstand zugänglich ist.

Dagegen ist aber zu sagen, daß Seelisches sich in verschiedenen Dimensionen entfaltet, die zwar ineinander übergreifen, die aber sehr verschiedene Grundlagen haben und in verschiedener Weise zur Wirkung kommen können.

Bei Zugrundelegung des Schichtungsprinzips des Seelischen darf nicht vergessen werden, daß Seelisches ein dynamisches Geschehen bedeutet und nicht einen statischen Zustand.

Persönlichkeit als dynamischer Prozeß

Dynamisch betrachtet, stellt sich seelisches Geschehen etwa folgendermaßen dar: Der Mensch verfügt über gewisse funktionale Begabungen und Fähigkeiten, die ihm als Material zur Verfügung stehen. Eine Übersicht über diesen Bestand an Funktionen und Fähigkeiten gibt die folgende Tafel:

1. *Sinnesfunktionen*
   Auge: Sehschärfe, räumliches Sehen, Farbsehen
   Ohr: Hörschärfe, Tonunterscheidungsvermögen, musikalisches Gehör
   Taktile Funktionen: Gewichterfassung, Wärme-Kälte-Sinn, Schmerzsinn
2. *Körperlich-motorische Funktionen*
   Körperkraft
   Körpergeschick (Großmotorik)
   Handgeschick (Kleinmotorik)
3. *Psychisch-intellektuelle Funktionen*
   Aufmerksamkeit: konzentrative, distributive
   Merkfähigkeit und Gedächtnis: für abstrakte Gegegebenheiten, für formale Zusammenhänge, für konkrete Inhalte
   Abstraktionsfähigkeit: analytisches Denken
   Kritikfähigkeit: abwägender Vergleich

Kombinationsfähigkeit: synthetisches Denken, reproduktive Phantasie, produktive Phantasie
Urteilsfähigkeit: Vergleichen, Werten, Entscheiden

Die Funktionen werden entweder durch die Reize der Umwelt, die über die Sinnesorgane einen aktivierenden Impuls auslösen, oder durch Triebe und Bedürfnisse zur Entfaltung gebracht. Soweit diese Aktivierung bewußt wird und nicht reflexartig (unbewußt) abläuft, ist der Wille dabei im Spiel. Von ihm wird der Einsatz seelischer Energien reguliert, von ihm werden Tempo und Stil der Entfaltung bestimmt.

Dabei sind immer Gefühle mit wirksam, die wiederum anregend auf die Aktivierung des Geschehens wirken, aber auch nur als begleitende Erlebnisse auftreten können.

Durch gefühlsmäßiges Erleben und gleichzeitige verstandesmäßige Verarbeitung entsteht eine Bewertung der Bedürfnisse und der Ziele, auf die sich die Strebungen richten. Es erfolgt eine Auswahl, die wieder zurückwirkt auf das Geschehen der Primitivperson, die in der Form von Einstellungen und determinierenden Tendenzen die Richtung des weiteren Verlaufs seelischer Erscheinungen angibt. Das wirkt sich auch auf die Erkenntnis aus, die kaum in einer absolut objektiven Weise möglich ist, also völlig losgelöst von der Person, sondern beeinflußt von subjektivem Erleben und Wollen zustande kommt. Schließlich drängt die Dynamik seelischen Geschehens über die Erkenntnis hinaus zum Handeln im höheren Sinne, zur Pflichterfüllung, zum Schaffen von Werten, zur Gestaltung der Verhältnisse, zur produktiven Erfüllung menschlichen Seins.

Funktionen bilden damit den Stoff, das Material des Geschehens, Triebe und Strebungen geben den dynamischen Impuls, Gefühle färben das Geschehen lustvoll oder unlustbetont, Denken durchdringt es, hebt es in die Bewußtseinssphäre und führt zum Werten nach ethischen Normen. Das Handeln – primitiv oder aus bewußter Verantwortung heraus – gibt dem Menschen den Akzent der Erfüllung seines Lebens. Es bedeutet die letzte und abschließende Phase seelischen Geschehens, mit der der Mensch auf die Umwelt und auf die Welt überhaupt einwirkt.

Was geht unbewußt im Menschen vor?
– Tiefenpsychologie –

Äußerung des Unbewußten

Lange Zeit hat man angenommen, daß seelisches Geschehen sich nur im Bewußtsein abspielt und daß alle Vorgänge, die dem Bewußtsein nicht gegenwärtig werden, auch nicht existieren. Wenn man von dieser Auffassung ausgeht, dann können viele Vorgänge, die wir beobachten, nicht mehr verstanden werden. Wie kommt es zum Beispiel, daß ein vierzehnjähriger Junge gegen alle Belehrung durch die Eltern und gegen alle verstandesmäßige Einsicht immer wieder Geld stiehlt? Er weiß durchaus, daß man das nicht tun darf und sich selbst damit in Schwierigkeiten bringt, daß man gegebenenfalls sogar harte Strafen auf sich nehmen muß – und trotzdem tut er es. Etwas treibt ihn von innen her zu diesen Handlungen.

Wenn wir zurückdenken an das, was über den Aufbau der Persönlichkeit gesagt wurde, dann werden wir uns an die Triebe erinnern, die von den tieferen Schichten der Persönlichkeit ausgehen. Wir werden vermuten, es sei der Besitztrieb, der diesen Jungen zu seinem verbotenen Stehlen treibe. Wir werden zugeben müssen, daß dieser Trieb offensichtlich von besonderer Stärke ist, so daß er sich gegen die Regeln und Verbote der Umwelt durchsetzt.

In Wirklichkeit ist das Geschehen im Unbewußten noch sehr viel komplizierter. Es handelt sich in dem obigen Fall auch gar nicht um den Besitztrieb; der Besitz des Geldes dient nur als Mittel zum Zweck, als Mittel zur Befriedigung eines anderen Bedürfnisses. Das wird sofort klar, wenn wir feststellen, was der Junge mit dem Geld beginnt. Erfahren wir dann, daß er das Geld ausgibt, um sich entweder auffallende Kleidungsstücke zu kaufen oder etwa einen Fotoapparat, mit dem er bei den Kameraden Eindruck machen will, dann wird uns verständlich, daß es sich hier um die Befriedigung eines besonders starken Geltungstriebes handelt.

Wir sehen, daß sich im Unterbewußtsein ein vielfältiges seelisches Geschehen abspielt, das sich in einem abwegigen Verhalten des Betroffenen äußert. Der genannte Fall ist dabei noch sehr einfach und verhältnismäßig leicht durchschaubar. Wenn wir allerdings unseren

Jungen fragen würden, warum er das Stehlen nicht läßt, dann würde er uns wahrscheinlich keine Antwort geben können. Er würde sagen, daß es mit großer Macht über ihn komme, das Geld, das er sieht, zu nehmen, obwohl er im Grunde wisse, daß man es nicht nehmen dürfe. Die Hemmung, die von dem Verbot ausgeht, ist in diesem Fall geringer als das Bedürfnis, das sich durchsetzt.

Unbewußtes seelisches Geschehen wirkt nicht nur in Ausnahmefällen, sondern beeinflußt unser ganzes bewußtes Leben weitgehend mit Vorgängen, über die wir uns keine Rechenschaft abzugeben vermögen. Auf jeden Fall geschieht viel mehr unterhalb der Bewußtseinsgrenze als im Bewußtsein selbst. Nur ein geringer Teil dessen, was in uns vorgeht, gelangt zur bewußten Klarheit; vieles bleibt uns verborgen, obwohl es unser Leben entscheidend beeinflußt. Man hat das Bild von dem Eisberg gebraucht, der – dem Bewußtsein vergleichbar – nur mit seinem geringsten Teil über die Wasseroberfläche hinausragt und sichtbar wird und dessen größerer Teil – dem Unbewußten vergleichbar – unsichtbar bleibt, so daß von ihm gefährliche Wirkungen ausgehen können. Aber dieses Bild ist zu einfach und zeigt noch nichts von dem, was in dem seelischen »Eisberg« wirkt und eine so weitreichende Dynamik entfaltet.

Hypnose und Suggestion

Das im Anfang geschilderte Beispiel deutet zwar Vorgänge im Unbewußten, es ist aber noch kein Beweis für das Vorhandensein unbewußten Geschehens selbst. Der kritische Leser könnte meinen, daß hier eine Deutung in das Verhalten des Jungen hineingelegt wird. Beweiskräftiger sind die Erfahrungen, die aus der Hypnose bekannt sind.

Bei der Hypnose handelt es sich darum, daß ein Versuchsleiter (der Hypnotiseur) eine Versuchsperson (das Medium) durch eine gleichmäßig suggestive Ansprache unter Zuhilfenahme gleichförmiger Sinnesreize in einen schlafähnlichen Zustand versetzt. Dadurch wird die Welt des Bewußtseins eingeengt oder gar ausgeschaltet. Eine Beeinflussung des gesamten Nervensystems ist jetzt möglich, verbunden mit folgenden Symptomen:

1. In der leichten Hypnose entsteht eine Entspannung, ein Ruhe-

gefühl und ein Zustand der Passivität. Die Versuchsperson ist ganz auf die Worte des Hypnotiseurs eingestellt.

2. In der zweiten Stufe, bei einem mittleren Grad der Hypnose, erschlafft die Muskulatur, die Versuchsperson fühlt sich schläfrig.

3. In der Tiefenhypnose ist die Atmung ruhig und tief, die Versuchsperson scheint zu schlafen. Ihre Aufnahmebereitschaft (die Suggestibilität) ist aber stark erhöht, es können jetzt Befehle erteilt werden, die nach der Hypnose ausgeführt werden.

Im Hinblick auf die Frage des Unbewußten ist vor allem der Vorgang des sogenannten »posthypnotischen Befehls« von Interesse. Damit sind Experimente bezeichnet, bei denen man der Versuchsperson einen Befehl erteilt, der nach Aufhebung der Hypnose ausgeführt werden soll, ohne daß die Versuchsperson sich dieses Befehls bewußt ist. Ein Beispiel erläutert das sehr deutlich: Einer hypnotisierten Frau wurde der Befehl erteilt, sie möge am nächstfolgenden Tag mittags um 14 Uhr in ihrer Wohnung das Licht einschalten. Obwohl sie nach dem Aufwachen aus der Hypnose von diesem Befehl nichts wußte, führte sie ihn zur richtigen Zeit aus. Nun fragten die in dem Zimmer anwesenden Bekannten, wie sie denn dazu käme, jetzt am hellichten Tag das Licht einzuschalten. Sie begründete das damit, daß sie im Spiegel etwas sehen wolle und daß es in der Ecke, wo der Spiegel hänge, so dunkel sei. – Hiermit ist erwiesen, daß auch im unbewußten Zustand und ohne ein entsprechendes Erinnerungsvermögen ein seelisches Geschehen wirksam wird, das zu bestimmten Verhaltungsweisen führt.

Nun ist, wie wir heute wissen, die Hypnose nur durchführbar, wenn die betreffende Versuchsperson bereit ist, sich hypnotisieren zu lassen. Gegen den Willen des Menschen ist eine Hypnose nicht möglich. Auch ist der Ablauf des unbewußten Geschehens nicht immer so einfach, wie er im letzten Beispiel dargestellt wurde. Einem innerlich unsicheren, schüchternen jungen Mann wurde in der Hypnose der Befehl erteilt, am kommenden Tag zu einer festgesetzten Zeit ein bestimmtes Büro aufzusuchen. In der Tat erschien er, wie man vom Fenster aus beobachten konnte, am folgenden Tag vor dem Büro. Er betrat es aber keineswegs sofort, sondern ging erst einmal vorbei, kehrte dann wieder zurück, blieb unschlüssig stehen. Es dauerte längere Zeit, bis er seinen Entschluß faßte und das Büro betrat, wo er dann einen plausiblen Grund für sein Erscheinen nicht angeben konnte. In diesem Fall war deutlich sichtbar, daß zwei verschiedene Tendenzen miteinander im Kampf standen. Auf der einen Seite wirkte der posthypnotische Befehl nach, der sich schließlich auch durchsetzte. Dagegen standen die Unsicherheit und Verschlossenheit dieses Menschen, der sich lieber zurückgezogen hätte, als einen solchen Weg in die ihm unbekannte Außenwelt zu gehen. Ein solches Gegeneinanderwirken verschiedener Tendenzen tritt auch ein, wenn der Versuchsperson Verhaltensweisen suggeriert werden, die ihrem ethischen Empfinden zuwiderlaufen. Die meisten Personen entziehen sich dann automatisch dem hypnotisierten Einfluß. Der vielumstrittene Fall von Verbrechen in oder nach Hypnose ist nur möglich, wenn durch den suggerierten Befehl bei der Versuchsperson verdrängte asoziale Triebe geweckt werden.

Unbewußtes wird in einem Bereich des Seelischen wirksam, der die »Tiefenperson« oder die »Primitivperson« genannt wird, ohne den das seelische Geschehen als Ganzes nicht zu denken ist. Nicht nur in der Hypnose wird sichtbar, wie das Unbewußte sich durchsetzt. Mierke hat mit zwanzig Schülern im Alter von zehn Jahren ein interessantes Experiment in folgender Weise gemacht: Er stellte ihnen verschieden gefärbte Stäbchen mit der Aufgabe zur Verfügung, diese nach dem Grad der Beliebtheit zu ordnen. Alle Schüler entschieden sich in erster Linie für die goldenen Stäbchen, für die farblosen zuletzt. Anschließend ließ er die Kinder mit diesen Stäbchen bestimmte Aufgaben durchführen, und zwar solche, die entweder leicht und angenehm oder schwer und unangenehm waren. Dabei mußten die unangenehmen Aufgaben mit den goldenen Stäbchen, die angenehmen mit den farblosen Stäbchen gelöst werden. Nach einiger Zeit hatten sich alle Kinder für die farblosen Stäbchen entschieden und die goldenen abgelehnt.

Hier läuft unbewußt folgendes ab: Die unangenehme oder angenehme Erfahrung, die man bei der Arbeit mit den Stäbchen gemacht hat, wird auf das Aussehen übertragen, ohne daß sich die Kinder dessen bewußt werden. Auf die Frage, warum sie sich jetzt gegen die goldenen Stäbchen entschieden hätten, äußerten die Kinder meistens, daß sie ihnen einfach nicht mehr gefielen, oder aber, daß die goldenen zu glatt wären. Wir sehen in diesem Experiment deutlich die Wirkung unbewußten Erlebens auf das praktische Verhalten. Allerdings waren die Kinder sehr verschieden schnell zu dieser

Umorientierung bereit. Das erste Kind reagierte so nach dem neunten, das letzte Kind nach dem hundertneununddreißigsten Versuch.

Schließlich sei ein Experiment hinsichtlich der Suggestibilität der Versuchsperson erwähnt: In einer Vorlesung machte man die Hörer darauf aufmerksam, daß nunmehr ein Fläschchen mit einem Riechstoff geöffnet würde. Sie wurden aufgefordert, sich zu melden, sobald sie den Geruch wahrnehmen könnten. In Wirklichkeit handelte es sich um eine geruchlose Flüssigkeit. Trotzdem erfolgten sehr bald aus den ersten Bankreihen die Meldungen, die dann langsam bis zu den letzten Bankreihen weiterliefen, ebenso wie in Wirklichkeit der Geruch sich hätte ausbreiten müssen. Das Verhalten der Teilnehmer war von der Suggestion des Experimentes aus bestimmt worden, obwohl es sich um verstandesmäßig geschulte und kritische Teilnehmer handelte. Sie waren allerdings darauf eingestellt, das zu übernehmen, was ihnen von ihrem Lehrer vorgetragen wurde.

Rationalisierung

Bei den genannten Experimenten ist außer dem unbewußten Geschehen noch etwas sichtbar: Die Versuchspersonen folgten dem posthypnotischen Befehl, die Kinder folgten ihren Erlebnissen. Viele von ihnen versuchten aber bereits zu rationalisieren, also ihre gefühlsmäßigen Erlebnisse verstandesmäßig zu begründen und zu rechtfertigen. Die goldenen Stäbchen waren plötzlich zu glatt oder zu klebrig, oder der Spiegel war zu dunkel.

Von »Rationalisieren« sprechen wir allerdings nur dann, wenn der Vorgang ganz unbewußt abläuft, wenn der betreffende Mensch diesen Vorgang nämlich nicht durchschaut, sondern die von ihm beigebrachten Gründe wirklich glaubt. Im anderen Fall würde es sich um eine bewußte Täuschung handeln. Davon kann bei der echten Rationalisierung keine Rede sein. Der Mensch identifiziert sich um so eindeutiger mit den von ihm angegebenen rationalen Gründen, je weniger er etwas von dem Vorgang der Rationalisierung ahnt, je weniger ihm also die unbewußten Erlebnisse geläufig sind. Der Mensch rationalisiert nicht nur im Normalbereich der üblichen Verhaltensformen, sondern auch ganz abnorme Verhaltensweisen.

Man befahl einer Versuchsperson, nach der Hypnose einem fremden Herrn ein Taschentuch aus der Hose zu ziehen und einen Knoten hineinzuknüpfen. Nun kann man annehmen, daß sich gegen ein solches Verhalten die verstandesmäßige Einsicht auflehnt. Aber die Versuchsperson führte die Handlung aus, obwohl der betreffende Herr sich lebhaft widersetzte. Sie rationalisierte dieses Verhalten, indem sie es damit begründete, daß der betreffende Herr abends eine Verabredung habe und daß sie ihm eine Gedächtnisstütze durch den üblichen Knoten im Taschentuch geben wolle.

Der Vorgang der Rationalisierung spielt in unserem Leben eine weitreichende Rolle. Sehr viele unserer täglichen Entscheidungen sind mehr vom Gefühl oder von unserem triebhaften Unbewußten her bestimmt als durch den Verstand. Sie werden aber nachträglich rationalisiert, das heißt, sie werden den Forderungen angepaßt, die die Umwelt an uns stellt. Diese Maßnahme entspringt daraus, daß der Verstand überall dort eine überwiegende Rolle spielt, wo wir es mit sachlichen, handgreiflichen Dingen zu tun haben. So übertragen wir den Anspruch, uns nach den Regeln des Verstandes zu verhalten, auch auf das seelische Geschehen. Dem steht oft, wenn auch nicht immer, das Unbewußte entgegen. Es setzt sich gegebenenfalls mit starker Intensität durch. Vor uns selbst, vor unserem kritischen Verstand und vor dem Urteil unserer Umgebung, wollen wir dies unbewußte Geschehen irgendwie rechtfertigen. Der Verstand ist sehr findig, wenn es darum geht, selbst für das ungewöhnlichste Verhalten einen plausiblen Grund aufzufinden.

Welche Rolle der Vorgang der Rationalisierung in unserem Leben spielt, ist etwa zu beobachten, wenn wir einen Gegenstand kaufen. Wir zahlen Geld für ihn, weil unser Besitztrieb oder unser Geltungstrieb uns das nahelegen, oder weil Gefühlserlebnisse uns zu einem solchen Verhalten bestimmen. Da wir aber notwendigerweise mit unserem Geld wirtschaften und daher vernünftige Entscheidungen für den Kauf treffen müssen, begründen wir unseren Entschluß mit rationalen Momenten.

Für das Verständnis des eigenen Ich wie für das des Mitmenschen genügt es nicht, sich mit den äußeren Erscheinungsformen zufriedenzugeben. Man muß bei jedem Verhalten nach den Hintergründen fragen und sich darüber klar sein, daß diese Hintergründe oft unbewußt bleiben. Die Rationalisierung ist mit dem unbewußten

Erleben grundsätzlich verbunden. Sie selbst verläuft unbewußt, schafft aber den Anschluß von dem unbewußten Geschehen zu der bewußten Reflexion, das heißt zum Nachdenken über sich selbst und zum Selbstverständnis.

»Entdeckung« des Unbewußten durch Freud

Die allgemeinen Vorstellungen über das Unbewußte sind nicht neu: Wir finden schon bei den Philosophen Leibniz und Spinoza ebenso wie bei Kant Hinweise für das Bestehen eines seelischen Bereichs, der dem Verstand nicht unterworfen ist. Die Romantiker haben eine Fülle von Gedanken über die »Nachtseite des Lebens« ausgesprochen, ohne aber zu wissenschaftlicher Klarheit zu kommen. Einen wirklichen Einblick in das Zusammenspiel unbewußter Kräfte hat uns erst die Psychoanalyse Sigmund Freuds vermittelt.

Freuds Ausgangspunkt war die seelische Erkrankung. Es gibt bekanntlich seelisch anomales, also regelwidriges, ja krankhaftes Verhalten, das sich der verstandesmäßigen Beeinflussung entzieht. Wie wäre es sonst zu erklären, daß etwa ein erwachsener Mann plötzlich eine »Platzangst« entwickelt, die so stark werden kann, daß er es nicht mehr fertigbringt, allein über einen freien Platz zu gehen? Sein Verstand wird ihm ohne weiteres sagen, daß kein Grund vorhanden sei, den Platz nicht zu überqueren. Seine Hemmungen sind jedoch so stark, daß er selbst größte Schwierigkeiten in Kauf nimmt, weil er den Weg über den freien Platz nicht schafft. In Wirklichkeit bezieht sich seine Angst natürlich nicht auf die Überquerung des Platzes, sondern im übertragenen Sinne auf eine selbständige Aufgabe und eine Verantwortung, der er sich nicht gewachsen fühlt. Die Anpassung an eine bestimmte Lebenssituation ist nicht gelungen, der Mensch sucht eine Ausweichlösung und greift dabei zurück auf einen längst hinter ihm liegenden Zustand, in dem er ohne Selbständigkeit und Verantwortung glücklich war, vielleicht auf die frühe Kindheit. Da war es verboten, allein auf den freien Platz hinauszugehen; da trug aber auch alle Verantwortung die liebende Mutter. Das alles ist dem Betreffenden nicht bewußt. Er erlebt nur unklar einen Zwang, den Platz zu umgehen. Und er erfindet tausend Gründe und Ausreden, weshalb er den notwendigen Weg über einen Platz nicht ausführt.

Eine siebenunddreißigjährige Frau, die nach einer Zeit längerer Arbeitslosigkeit als Arbeiterin eingestellt war, kam täglich zu spät zur Arbeit. Stets brachte sie einen neuen Entschuldigungsgrund vor, war aber bereit, die versäumte Zeit nach Dienstschluß nachzuarbeiten. Sie schaffte es einfach nicht, die Anfangszeit pünktlich einzuhalten. Die angegebenen Gründe waren alle halbwegs plausibel, aber der wahre Grund für ihr Zuspätkommen war nicht vom Verstand erfaßt, er lag unterhalb der Bewußtseinsebene in einem unerfüllten Geltungstrieb. Dieses Mädchen hatte sein Studium vor dem Examen abgebrochen, dadurch nicht die erstrebte Stellung erreicht und fühlte sich jetzt als Lohnempfängerin sozial deklassiert. Das führte dazu, daß sie unbewußt das tägliche Erlebnis dieser Deklassierung – gemeinsamer Anmarsch zur Arbeit mit der Masse der Arbeiter, während die Angestellten später kommen konnten – zu vermeiden suchte.

Der Mensch nimmt nichts von seinem unbewußten Geschehen wahr, wenn ihm nicht durch die psychotherapeutische Behandlung dafür eine Hilfestellung gegeben wird. So bleibt die Frage offen, wie der Ablauf des unbewußten Geschehens vorzustellen sei.

Die drei seelischen Schichten nach Freud. – Sigmund Freud hat drei Bereiche seelischen Lebens unterschieden. Der unterste Bereich ist die sogenannte Es-Schicht. Sie ist dem Bewußtsein nicht zugänglich; in ihr entfaltet sich das Triebleben. Wir selbst können dieses »Es« mit unserem bewußten Willen nicht ohne weiteres beeinflussen.

Die Schicht oberhalb der Bewußtseinsebene nennt Freud das »Ich«. Hier erleben wir uns selbst, hier wird der bewußte Wille wirksam. – Schließlich unterscheidet Freud eine dritte Schicht, das »Über-Ich«. Dieses Über-Ich umfaßt den Bereich der Gesellschaftsordnung, in dem Gebote und Verbote wirksam werden und in dem sich das entfaltet, was wir das Gewissen des Menschen nennen. Im Über-Ich lebt also das Bewußtsein von den überpersonalen ethischen Verpflichtungen. Das können die Forderungen der gesellschaftlichen Ordnung oder auch religiöse Bindungen sein, die für den Menschen die Richtschnur des Handelns angeben.

Anpassung

Nach Freud ist der Ablauf des seelischen Geschehens so zu denken, daß aus der Es-Schicht heraus Triebe unbewußt wirksam werden. Ihnen stehen die »Gebote« entgegen, die Moral der Gesellschaftsordnung, die sich im persönlichen Gewissen niedergeschlagen hat. Die Auseinandersetzung zwischen triebhaftem Verlangen und Beachtung des Gewissens wird vom persönlichen Ich ausgetragen. Sein Ziel ist dabei die Bewältigung der jeweils gegebenen Situation. Eine normale Entfaltung des seelischen Geschehens, und das heißt eine, die in unserer Gesellschaftsordnung als üblich angesehen wird, ist in dem Maße möglich, wie diese Bewältigung gelingt.

Aus der Unfähigkeit, den Forderungen der Gesellschaft zu begegnen, kann sich eine Flucht in die Krankheit ergeben; dafür gibt der folgende Lebensablauf ein Beispiel: »Bei einem Patienten fand sich in seinen Tagebüchern die Aufzeichnung, daß er von seinem Geschäft aus am 1. Februar 1929 eine verantwortungsreiche Reise ins Ausland hätte unternehmen sollen. Er erkrankte aber unmittelbar vor diesem Zeitpunkt an schwerer Angina, so daß ein anderer mit dieser Aufgabe betraut werden mußte. Weil er sich auch sonst nicht im Geschäft bewährte, wurde ihm am 1. Mai 1929 gekündigt.

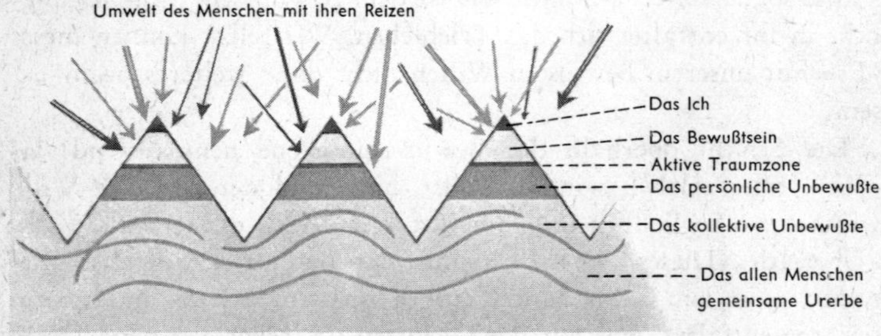

Die Innenwelt in schematischer Darstellung. – Jede Persönlichkeit lebt aus einem allen Menschen gemeinsamen Urerbe. Es äußerst sich als kollektives Unbewußtes in der Seele eines jeden und wirkt weiter in das persönliche Unbewußte. An der Grenze zum Bewußtsein wird es unabhängig vom Willen von der aktiven Traumzone gespiegelt. Der eigentliche Ichbereich ist im Vergleich zu den darunterliegenden Schichten winzig; er ist ständigen Umweltreizen ausgesetzt, die auch noch das persönliche Unbewußte treffen.

Er geriet darob in große Aufregung, die er aber niemandem verriet. Am folgenden Tag lag er fiebernd wegen einer Angina im Bett. Am meisten Angst hatte er vor der Mitteilung der Kündigung an den Vater. Schließlich konnte er sie doch nicht mehr länger hinausschieben. Er stellte sich als Termin den 28. September. Am 27. aber erkrankte er wieder an einer schweren Angina, so daß der Vater die Kündigung von dritter Seite erfuhr. Ein neuer Arbeitsantritt Ende März 1930 mußte wegen einer weiteren Angina hinausgeschoben werden. Weil er nur auf Probe hin angestellt worden war, fürchtete er am Ende seiner Probezeit Mitte Juli eine Kündigung. Auf diesen Termin hin erkrankte er prompt an einer Angina, die ihn immerhin wieder fünf Tage ans Bett fesseln sollte. Die Kündigung blieb aber aus, er kam sogar nach anfänglichen Auseinandersetzungen mit dem Chef in ein recht gutes Verhältnis. Das gab ihm den Mut, auf Ende Februar 1931 seine Verlobung festzusetzen. Die Verlobung aber mußte er vom Bett aus feiern, weil ihn auf diesen Freudentag hin wieder eine Angina gepackt hatte. Während der Verlobungszeit gab es mit der Braut viele Auseinandersetzungen, so daß er sich bald entschloß, die Verlobung wieder aufzuheben. Auf den ersten Anhieb gelang ihm dies jedoch nicht, weil er vor diesem Unterfangen zunächst wieder einmal an Angina erkrankte. Erst einige Tage später, als er sich eben wieder erholt hatte, wagte er Anfang 1932 den Bruch mit seiner Verlobten. Im April 1932 kam er in psychoanalytische Behandlung. Schon zu der zweiten Stunde mußte er wieder aussetzen, weil er eine Angina bekam. Bei ihm machte sich die Angst, die ihm schon von weitem anzusehen war, auch in der Kur bemerkbar. Sehr bald litt er an schweren Angstträumen und machte Angstanfälle in der Behandlungsstunde durch. Ja, die Angst steigerte sich in der Nacht bis zu unerträglichen Verfolgungsträumen, je stärker eben die verdrängte Angst sich ins Bewußtsein hinaufschaffte. Wieder wurde die Lösung der verdrängten Affekte unterbrochen durch Anginaerkrankung. So brachte es dieser Kranke schon in den ersten elf Monaten seiner psychotherapeutischen Kur auf sieben schwere Anginaerkrankungen. Nach dem endlichen Durchbruch und der psychischen Verarbeitung der wichtigsten krankmachenden unbewußten Ängste, etwa nach Anfang März 1933, trat aber auch bei diesem ehemaligen Angstkranken keine Angina mehr auf.«

Dieses Beispiel stammt aus der Praxis eines Psychotherapeuten, also eines Seelenheilkundigen. Es zeigt deutlich, daß die Erkrankung immer wieder ein Mittel darstellt, um sich schwierigen Entscheidungen oder stärkeren Anforderungen, die die Umwelt stellt, zu entziehen. Da dieser Vorgang unbewußt abläuft, wäre es falsch, hier etwa von einem »eingebildeten Kranken« zu sprechen oder dem Patienten zu unterstellen, daß er bewußt diesen Weg suche. Vielmehr müssen wir erkennen, daß seelische Konflikte sich in echte Krankheitssymptome umsetzen. Mit dem Bewußtwerden der eigentlichen seelischen Probleme und Konflikte ist die Krankheit überwunden, wie das Beispiel zeigt.

Der Schlüssel der Seelenheilkunde liegt also in der Erkenntnis und Aufdeckung seelischer Spannungen. Die Problematik der Persönlichkeit ist demnach relativ einfach: sie liegt in der Auseinandersetzung zwischen Trieben und Normen. Eine solche Auseinandersetzung muß stattfinden, weil die freie Entfaltung und das ungehemmte Ausleben der Triebe in der menschlichen Gemeinschaft ohne Störungen im Zusammenleben nicht möglich sind. Eine Anheit her erfolgen. Aus ihr ergeben sich nun allerdings zahlreiche passung auf der Grundlage des Lernens muß von frühester Kind-Einzelfragen, die zum Teil auf außerordentlich komplizierte seelische Zusammenhänge zurückführen.

Freud hat die triebhafte Kraft der Seele, die er Libido nannte, ausschließlich als sexuelle Triebhaftigkeit aufgefaßt. Er unterscheidet vom Sexualtrieb den Destruktionstrieb. Leben schaffen und Leben zerstören, das sind die beiden Grundtriebe, von denen Freud das gesamte Geschehen des unbewußten seelischen Bereiches erklärt. Es läßt sich kaum bestreiten, daß der Sexualtrieb im Menschen und im menschlichen Leben eine vorherrschende Rolle spielt. Aber es dürfte andererseits zu einseitig gesehen sein, wenn man ihn als allein wirksam anerkennen wollte. Adler, ein Schüler Freuds, hat seine Theorie vom seelischen Geschehen vorwiegend auf den Geltungstrieb und den Machttrieb aufgebaut, und Schultz-Hencke, ein Psychotherapeut der letzten Generation, hat neben den Sexualtrieb und den Geltungstrieb noch den Besitztrieb als einen der fundamentalen Triebe gestellt, denen er noch den Trieb nach Sicherheit oder Selbstentfaltung zuordnet.

Diese Unterscheidungen haben mehr theoretische Bedeutung.

Praktisch wichtig ist vor allem die Frage, auf welche Art und Weise dieses triebhafte Geschehen im Seelischen wirksam wird und sich durchsetzt, wie es sich mit den Regeln der gesellschaftlichen Ordnung auseinandersetzt und welche Möglichkeiten hier für die Einzelpersönlichkeit bestehen.

Verdrängung

Unbewußtes seelisches Geschehen ist nicht zu verstehen, wenn man sich nicht über den Vorgang der Verdrängung im klaren ist. Dabei wird das triebhafte Geschehen des Menschen, das unbewußt aus den elementaren Schichten seiner Persönlichkeit aufsteigt, in seiner Entfaltung gehemmt. Es stößt auf die Regeln der Gesellschaftsordnung, und das Ich erlebt diese Auseinandersetzung mit mehr oder weniger Klarheit. Wenn eine Befriedigung des Triebbedürfnisses unmöglich erscheint und auch kein Ersatz vorhanden ist, erfolgt eine Unterdrückung des Triebes. Diesen Vorgang bezeichnet die Psychoanalyse als Verdrängung. Die Verdrängung stellt eine Abwehrmaßnahme des Ich dar, die unbewußt wirksam wird. Die Verdrängung steht im Gegensatz zu der bewußten Stellungnahme dem Triebbedürfnis gegenüber, aus der eventuell ein entschlossener Verzicht erwächst. Verdrängung ist vielmehr ein Ausweichen vor der bewußten Entscheidung. Der verdrängte Trieb ist dem Bewußtsein nicht mehr gegenwärtig, er ist ins Unbewußte hineingedrängt. Aber das Nichtvorhandensein im Bewußtsein bedeutet keineswegs, daß dieses Bedürfnis nicht mehr lebt. Vielmehr arbeitet es weiter im Unterbewußtsein, und je länger es dort besteht, um so stärker wird es. Aus der Stauung dieses Triebes im Unterbewußtsein entstehen nunmehr vielfältige Wirkungen auf das bewußte Leben. Es ist der Kontrolle des Ich entzogen, ohne daß der Konflikt damit aufgehoben wurde.

Welche Folgen die Verdrängung eines Konfliktes ins Unbewußte nach sich zieht, läßt sich allerdings immer nur von Fall zu Fall feststellen. Das hängt davon ab, welche Bedeutung dieser Konflikt für die persönliche Entfaltung des Menschen und für seine Einordnung in die Umwelt hatte. Die Verdrängung bedeutet nichts anderes als einen Aufschub des Konfliktes. Das Ich kann sich vorübergehend beruhigen mit dem Bewußtsein, daß das bedrängende Triebgeschehen nicht mehr vorhanden sei. Aber eines Tages werden Eigenarten

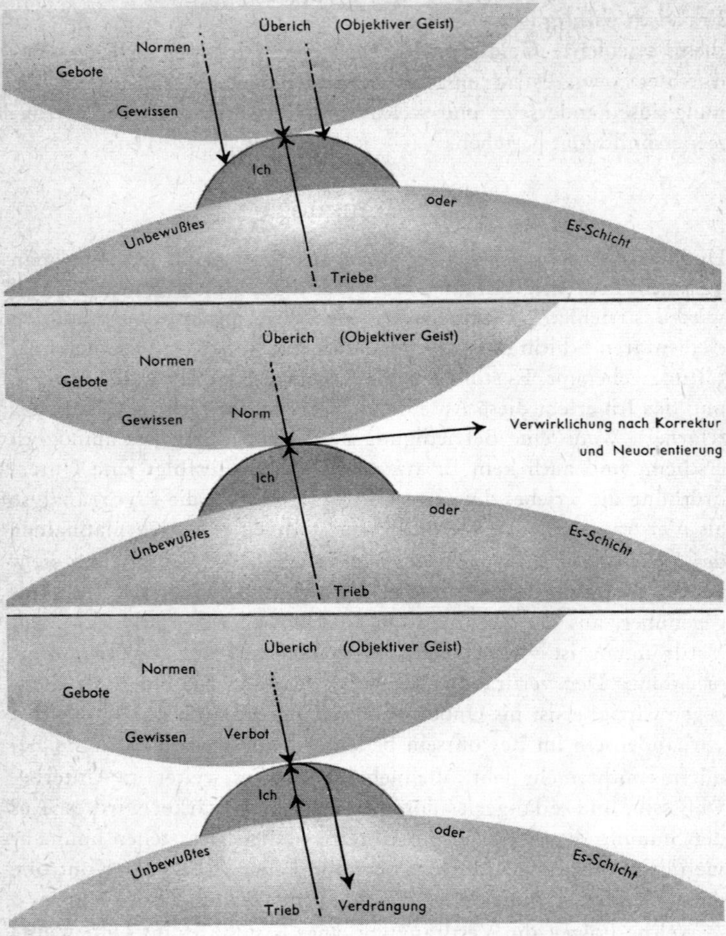

Funktion des Unterbewußten. – Aus dem Unbewußten dringen die Triebe in das bewußte Ich vor und treffen auf die Normen und Gebote der Mitwelt (objektiver Geist). Aus diesem Zusammenstoß entwickelt der Mensch durch Korrektur und Neuorientierung seine Verhaltensweise. Gelingt diese Neuorientierung nicht, wird das Triebverlangen zurück in das Unterbewußte verdrängt.

im Verhalten und Handeln des Menschen sichtbar, die nicht ohne weiteres verständlich sind. Für sie sucht das Ich dann mittels des Verstandes Erklärungen herbeizuschaffen.

Solche verdrängten Triebe, die dem Bewußtsein überhaupt nicht mehr zugänglich sind, können eine Art Komplex bilden. Der Ausdruck kommt von dem lateinischen Wort complexio = Verknüpfung. Es bedeutet nichts weiter, als daß ein vielschichtiges unbewußtes Geschehen vorhanden ist, das nur in seiner ganzheitlichen Wirkung spürbar, in den Einzelzügen aber nicht erkennbar ist. Komplexe aufgrund der Verdrängung von Erlebnissen, mit denen das Ich nicht fertig wurde, entstehen häufig in der frühen Kindheit. Es ist dem Erwachsenen keineswegs möglich, sich an ihren Ursprung zu erinnern, selbst wenn er sein Gedächtnis durchforscht und nach solchen Möglichkeiten sucht. Die Erlebnisse sind abgesunken in die tiefsten Schichten des Seelischen. Von dort aus wirken sie über das vorbewußte in das bewußte Geschehen hinein, indem sie teils das Gefühlsleben verfärben, teils die Stimmung belasten, teils das Denken in eine ganz bestimmte Richtung lenken und im Extremfall bis zur krankhaften Vorstellung durchdringen.

Als Beispiel der Verdrängung eines echten seelischen Konfliktes mit den Folgen einer eindeutigen neurotischen Erkrankung kann der folgende Fall gelten: »Ein siebzehnjähriges Mädchen magerte immer mehr ab. Es schwitzte viel und hatte stets einen erhöhten Puls, litt an häufigen Durchfällen und konnte sich nicht mehr konzentrieren. Dazu kam ein heftiger Augenlidkrampf. In kurzen Abständen schloß es die Augenlider im starken Krampf mehrere Sekunden, dann öffneten sich die Augenlider ebenso krampfhaft und unbeeinflußt maximal weit, so daß das Gesicht einen ganz starren Ausdruck bekam. Langsam drehten sich dabei die Augäpfel nach rechts unten, worauf sofort wieder der krampfhafte Lidschluß einsetzte. Die Mutter behauptete, die vertraute Freundin ihrer Tochter zu sein, wußte aber nichts von irgendwelchen seelischen Erschütterungen, die mit der Krankheit im Zusammenhang stehen konnten. Erfahrungsgemäß darf man bei Müttern, die dies von sich behaupten, ruhig das Gegenteil annehmen. Als die Mutter fort war, platzte das Mädchen sofort mit der Erklärung heraus, daß diese Krämpfe vor etwa drei Jahren angefangen hatten. Sie hatte damals eine schwere Aufregung gehabt. Während der Schulstunde hatte das Mädchen bemerkt, daß zwei Jungen in der Knabenreihe rechts von ihr irgend etwas Schlimmes, etwas Sexuelles, unter der Bank anstellten. Es war darüber sehr erschrocken und schaute sofort wieder weg. Trotzdem war es ihr gleich schlecht geworden, und man hatte sie hinausführen müssen. Das alles wußte das Mädchen, und es bedeutete schon eine große Entlastung, daß es dieses bisher streng gehütete Geheimnis einem Menschen berichten konnte. Der Mutter hatte es diesen Kummer nie sagen können, weil es instinktiv fühlte, daß diese selbst dem sexuellen Bereich trotz aller gegenteiliger Versicherungen innerlich nicht offen stand.

Schon nach dieser Aussprache ließ das Schwitzen nach und der Puls wurde weniger jagend, aber die Augenkrämpfe bestanden weiter. Das war selbstverständlich, denn das Wichtigste wußte die Patientin nicht, weil sie es damals augenblicklich verdrängt hatte: Bei der Wahrnehmung der sexuellen Spiele war ihre eigene Geschlechtlichkeit angeklungen und hatte sich geregt. Diese innere Wahrnehmung des eigenen sexuellen Triebes hatte ihr Gewissen sofort verdammt und ins Unbewußte verdrängt, weil infolge ihrer Erziehung Geschlechtlichkeit und Sünde für sie zusammengehörten. Die verdrängten Regungen brachen daher gleichsam hinten herum – über die Körpersphäre der Augen – durch und verschafften sich Ausdruck in einem hysterischen Symptom. Darin kam in fast grotesker Weise das Hingezogenwerden zu dem verpönten sexuellen Spiel der Jungen rechts unten neben ihr und gleich danach das Verdrängen, das Augenschließen vor dieser Sache, in dem Lidkrampf zur plastischen Darstellung.

Die Aufgabe des Arztes war es, die Gewissensinstanz dieser Patientin so umzuformen, daß sie auch den bisher verdrängten und verdammten Anteil ihrer Persönlichkeit nicht mehr so übertrieben verleugnen mußte. Als das geschehen war, hörten die Augenkrämpfe vollständig auf, ebenso die körperlichen Stauungsreaktionen, wie die Gewichtsabnahme, das Zittern, die Magenstörung. Darüber hinaus veränderte sich die Patientin nach Aufhebung dieser krankhaften Verdrängung. Ihr ganzes Verhalten, die kleinmädchenhafte Ungeschicklichkeit all ihrer Bewegungen und der noch sehr kindliche Gesichtsausdruck, der sie fast fünf Jahre jünger hatte erscheinen lassen, als sie wirklich war, veränderte sich in wenigen Wochen in einer der gesamten Umgebung auffälligen Weise.« Je konfliktreicher das Seelische im Unbewußten ist, um so mehr hemmende und störende Wirkungen gehen auf das Verhalten des Menschen aus. Der unbewußte Konflikt kann eine Flucht in die Krankheit zur Folge haben, er kann sich auch als Hemmung auswirken, die das normale Verhalten stört und auf diese Weise eine Fehlleistung zustande kommen läßt, die zum Unfall führen kann.

Dafür gibt das folgende Beispiel einen Hinweis: »Eine vierunddreißigjährige Packerin arbeitet in einer chemischen Fabrik an einer Maschine. Sie hat dauernd Streitigkeiten mit einzelnen Arbeitsgefährten, deren politische Ansichten sie nicht teilt, woraus diese ihr einen Vorwurf machen. Sie möchte gern die Arbeit wechseln, dem aber widersetzt sich ihr Mann, der keinen Widerspruch duldet. Eines Tages gerät sie mit der Hand in die Maschine und erleidet eine schwere Quetschung. Die Wiederherstellung des verletzten Gliedes gelingt, aber die Arbeit an der Maschine kann sie nicht mehr machen. Sie wechselt jetzt die Arbeit.«

Es ist gar keine Frage, daß mit der Entdeckung des Vorgangs der Verdrängung, die durch Freud und seine Schüler um die Jahrhundertwende gemacht wurde, wesentliche Erkenntnisse über hintergründige Vorgänge im seelischen Geschehen gewonnen wurden. Der Ansatzpunkt für diese Erkenntnisse war die Beobachtung krankhaften seelischen Geschehens mit dem Ziel der Heilung krankhafter Vorgänge. Aber der Verdrängungsvorgang vollzieht sich auch im Bereich normalen Seelenlebens. Verdrängte Erlebnisse und verdrängte Triebe geben unserem späteren Verhalten einen bestimmten Akzent. Besitztrieb, der in der Kindheit beim Spielzeug unterdrückt wurde, meldet sich später beim Erwachsenen in ungewöhnlicher Stärke und in einer Form, die von der verstandesmäßigen Bewältigung der gegebenen Situation her nicht zu erklären ist, etwa im Geiz oder in der Sammlerwut.

Der Vorgang der Verdrängung wäre leichter zu durchschauen, wenn das Geschehen immer an einen Trieb gebunden bliebe. Statt dessen ist ein Überwechseln von einem zum anderen Trieb ohne weiteres möglich. Unbefriedigter Sexualtrieb tritt etwa als Aggressivität in Erscheinung, Geltungstrieb als Besitzstreben, Sicherheitsbedürfnis als Durchsetzungsdrang. Dieser Wechsel der triebhaften Energie in der Richtung des triebhaften Geschehens ist es, der das Verständnis von außen her so erschwert. Deshalb ist es im allgemeinen nicht ohne weiteres möglich, das Verhalten des Menschen hinsichtlich seiner unbewußten Triebkräfte zu interpretieren. Das gelingt erst, wenn besondere Maßnahmen der Untersuchung eingesetzt werden.

Regression

Neben der Verdrängung des Unangenehmen und dessen, was nach den Normen des Über-Ich nicht geduldet werden kann, spielt die Regression im unbewußten Geschehen eine wichtige Rolle. Sie bedeutet nichts anderes als Rückschritt im Gegensatz zu der fortschreitenden Entwicklung normalen Lebens. Die menschliche Weiterentwicklung besteht darin, daß ein erreichter Zustand, sobald dieser voll beherrscht wird und somit die Anpassung endgültig gelungen ist, wieder aufgegeben wird, um in einen neuen Zustand überzuwechseln. Das gilt nicht nur für die kindliche Entwicklung, sondern auch für den weiteren Weg durch das Leben. Die Anpassung ist jedesmal wieder eine Aufgabe, die einen erneuten Kräfteeinsatz verlangt. Es treten immer andere Bedingungen auf, die unbekannte Schwierigkeiten zur Folge haben, mit denen man sich auseinandersetzen muß.

Es kann nun sein, daß die Anpassung nicht gelingt und daß der Mensch aus der unerhörten Anspannung, die ein solcher neuer Anpassungsvorgang mitbringen kann, einen Ausweg in der Form des Rückgriffs auf frühere Verhältnisse – eine Regression – sucht. Das Kind, das in der neuen Klasse nicht den Anpassungsvorgang zu vollziehen vermag, das heißt, das keinen entsprechenden Kontakt zu den Kameraden des gleichen Alters findet, beginnt plötzlich wieder mit infantilen Verhaltensformen, die es bereits überwunden hatte, zum Beispiel mit Daumenlutschen. Das bedeutet aber, daß es den Versuch der Anpassung aufgegeben hat und auf einen früheren Zustand zurückgreift, in dem ihm die Anpassung voll gelungen war und in dem es deshalb Zufriedenheit und Selbstbestätigung in vollem Maße erleben konnte.

Bei den Erwachsenen sind die Äußerungsformen anders, das Prinzip ist aber dasselbe. Wie bei der Verdrängung tritt häufig eine Flucht in die Krankheit auf. Dabei wirkt das Bedürfnis, sich in eine Situation zu begeben, in der nun andere verantwortlich werden.

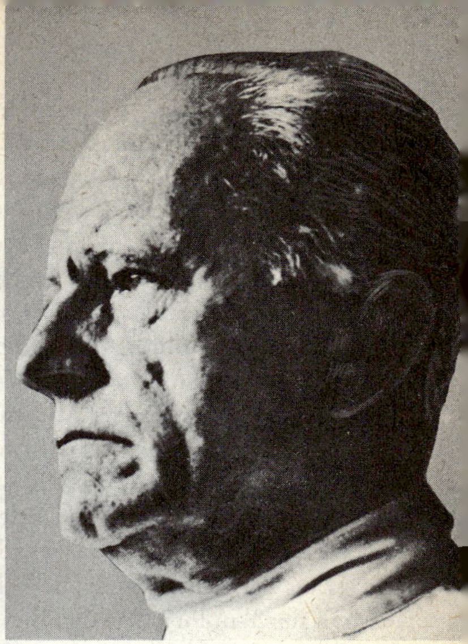

Carl Gustav Jung
(1875–1961)

Victor von Weizsäcker
(1886–1957)

Tiefenpsychologen und Psychotherapeuten

Sigmund Freud
(1856–1939)

Alfred Adler
(1870–1937)

Man erreicht durch Krankheit die Zuneigung der Mitmenschen, das Mitleid und die Hilfsbereitschaft, alles Einstellungen, die man im gesunden Zustand der Selbstbehauptung nicht ohne weiteres erwarten kann. Auch dieser Vorgang verläuft unbewußt; es ist geradezu kennzeichnend, daß in dem Augenblick, wo er bewußt wird, die Flucht in die Krankheit nicht mehr zustande kommt. Darüber hinaus gibt es zahlreiche harmlose Formen der Regression, die wir auch im Alltagsleben ständig beobachten können. Sie tragen nicht den Akzent des gestörten, anomalen seelischen Geschehens, sondern sie bedeuten vielmehr eine Entlastung von den Anforderungen der Umwelt, insbesondere des beruflichen Lebens, wo der Mensch ständig vor Entscheidungen gestellt wird und Initiative entfalten muß.

Eine Form der Regression erleben wir im Spiel. Dabei werden vor allem diejenigen Spiele gewählt, die nach festen Regeln ablaufen. Diese Regeln nehmen dem Menschen die Verantwortung ab. Auch in der Kindheit wurden ihm die Regeln seines Verhaltens (von den Eltern) mitgeteilt. Er brauchte sie nur zu erfüllen. Die stark reglementierten Spiele geben eine ähnliche Möglichkeit der Entfaltung, wie er sie in der Geborgenheit seiner Jugend hatte. Zudem ist in ihnen der Ernst des Alltags ebenso aufgehoben, wie er es in der frühen Kindheit war. Man darf den Entlastungswert solcher Spiele nicht gering veranschlagen.

Eine zweite und schon etwas bedenklichere Form der Regression finden wir in dem starken Bedürfnis der Menschen, sich betreuen zu lassen. Auch hier verzichtet der Mensch weitgehend auf eigene Initiative und Verantwortung. Er erlebt dieses Geschehen ebenso positiv wie die Geborgenheit im kindlichen Dasein. Solange es sich dabei nur um eine Entlastung von der Beanspruchung des Alltags handelt, wie wir sie in der Urlaubsverschickung oder Freizeitversorgung finden, kann diese Erscheinung durchaus positiv gewertet werden. Wenn sie aber von dem Menschen so weit Besitz ergreift, daß er sich an den Verzicht auf eigene Initiative und Selbstverantwortung gewöhnt, dann wird man sagen müssen, daß seine Anpassung an die ihm eigene Lebenssituation nicht gelungen ist.

Eine weitere Form der Regression finden wir in dem übermäßigen Gebrauch der Narkotika. Daß die Zigarette oder die Zigarre ein Rückgriff auf das frühkindliche Daumenlutschen ist, mag man anerkennen oder nicht. Daß aber der übermäßige Alkoholgenuß dazu führt, daß der Betreffende in einen Zustand herabgesetzter Verantwortlichkeit abgleitet – wie eben im Kindesalter, als eine Verantwortung noch nicht in Frage stand –, das ist kaum zu bestreiten. Auch die unernsten, albernen Verhaltensweisen unter starkem Alkoholgenuß weisen in dieselbe Richtung.

Schließlich wird man auch – wenigstens unter anderem – das Absinken der Einzelpersönlichkeit in eine Massenpsychose als Regressionsvorgang auffassen können. Denn auch hier liegt ein Abschieben der Verantwortung, ein Hineingleiten in ein diffuses Gemeinschaftsgefühl vor, das einige Ähnlichkeiten mit der »Nestwärme« und Geborgenheit des Kindes in der Familie hat.

Ebenso ist der Wunsch breiter Bevölkerungskreise nach einer autoritären Regierungsform nicht anders zu verstehen als ein primitiver Wunsch nach dem starken Vater, der in der Form des Regierungschefs dem einzelnen die Verantwortung abnimmt und alles für ihn zum besten regeln wird.

Aggression

Wenn die Erlebnisverarbeitung in normaler Weise nicht gelingt, dann kann aus den unbefriedigten Trieben und unverarbeiteten Konflikten auch eine starke Neigung zur Aggression – zur Angriffshaltung – entstehen. Es stauen sich dabei Affekte, die auf destruktivem, zerstörerischem Wege zu einer Entlastung hindrängen.

Wie gelingt es, diese angestaute Aggressivität abzureagieren? Der günstigste Fall liegt dann vor, wenn das Abreagieren in harmloser Weise vor sich geht. Jede Form des Zweikampfes enthält solche Möglichkeiten. Aber auch das bloße Zuschauen bei kämpferischen Auseinandersetzungen, insbesondere wenn diese in primitiv robuster Form ablaufen, kann zu einem Ventil der aufgestauten Aggressionen werden.

So ist es zu verstehen, daß oft durchaus kultivierte Menschen, die gewöhnt sind, in einer gepflegten Form und unter starker Selbstbeherrschung zu leben, derartige Spiele wie etwa Boxen oder Freistilringen lieben und sie als Zuschauer besuchen. Es gibt aber im Grunde nur wenige Möglichkeiten, die in unserer zivilisierten Welt dem Menschen für das Abreagieren zur Verfügung stehen. Der

Stierkampf in südlichen Ländern ist eine von ihnen. Wenn aber die Umwelt solche Abreaktionen nicht zuläßt, dann kann im Unbewußten eine Art von aggressivem Überdruck entstehen, der sich entladen will. Besteht keine Möglichkeit zu explosiver Entladung, können schwere seelische Hemmungen auftreten.

Besonders in der Entwicklung der Kinder spielt dieses Problem eine Rolle. Das Kind, das sich nicht abreagieren kann, das zu Hause von entsprechendem Zwang gebremst wird oder durch eine übermäßige Betreuung eingeengt ist, kann so zu Hemmungen kommen, die sich in bestimmten Verhaltensformen ausdrücken. Der Verfasser hat in seiner eigenen Praxis vor Jahren ein stotterndes Kind erlebt, das Anzeichen einer extrem angestauten Aggressivität aufwies. Der gehässig-schadenfrohe Blick, der gewissermaßen aus dem Hinterhalt die Umgebung beobachtete, war ein deutliches Anzeichen im Ausdrucksgeschehen. Noch klarer und ganz spontan trat diese Aggressivität in Erscheinung, als der Junge im Rahmen der psychologischen Untersuchung aufgefordert wurde, mit Baukastenteilen und einer Reihe von Puppen, die Menschen verschiedenen Alters darstellten, zu spielen. Nach kurzem, nicht sehr ergiebigem Spiel legte er ihnen allen eine Schlinge um den Hals und hängte sie an einem provisorischen Galgen auf. Diese Reaktion war von außen nicht angeregt, denn es war selbstverständlich unter dem Spielzeug kein Galgen vorhanden. Er legte einem anderen Gerät diesen Sinn unter, um die Szene des Aufhängens durchzuspielen. Seine Augen leuchteten strahlend auf, während er seine Tat mit den Worten begleitete: »Nun werden sie alle aufgehängt.« Ganz ohne Zweifel bedeutete dieses Spiel für ihn bereits eine Form des Abreagierens.

Harmlosere Züge einer solchen Aggressivität ergeben sich etwa, wenn durch eine besonders strenge Zucht oder durch harte Strafen auf längere Zeit Gefühlsimpulse angestaut werden. Die unter hartem Druck erzogene Soldatentruppe – insbesondere von vital-triebhaften Männern – entlädt ihre Aggressivität im Angriff oder auch in der Zerstörungswut, zumal wenn die letzten Hemmungen durch Alkohol aufgehoben sind. Ähnliches erleben wir bei sehr streng erzogenen Zöglingen mancher Internate. Aus Amerika wird von einem interessanten Experiment berichtet, in dem Schulklassen in verschiedener Form geführt und erzogen wurden. Es zeigte sich, daß eine streng autoritär geführte Gruppe gegenüber freiheitlich geleiteten Gruppen das Vielfache an Aggression untereinander entwickelte. Es mag noch darauf hingewiesen werden, daß es unwesentlich ist, auf welches Gebiet sich diese Aggressionen erstrecken. Menschen, Tiere und tote Gegenstände können ihr Ziel sein. Man ist auch nicht genötigt, wie Freud den Destruktionstrieb als gesonderten Trieb anzunehmen; derartige zerstörerische Tendenzen ergeben sich allein aus der erhöhten Spannung im Unbewußten, die bei einer mißglückten Verarbeitung seelischer Konflikte und Probleme leicht entstehen kann.

Kompensation

Unter Kompensation (lat. compensare = ausgleichen) versteht man im Bereich tiefenpsychologischer Erscheinungen den Ausgleich psychischer Unzulänglichkeiten. Diese können darin begründet sein, daß der Mensch sich in seiner persönlichen Entfaltung nicht als vollwertig erlebt. Sie können aber auch im Erlebnis der Unmöglichkeit einer Bedürfnisbefriedigung liegen. In beiden Fällen ist der seelische Haushalt belastet, das seelische Gleichgewicht gestört. Das Bemühen des Menschen geht dann dahin, die Störung zu beseitigen und einen Ausgleich zu erzielen.

Bei dem Kompensationsvorgang unterscheidet man eine direkte und eine indirekte Form.

Direkte Kompensation. – Die direkte Kompensation äußert sich in dem zähen und zielbewußten Bemühen des Menschen, seine Schwäche zu überwinden. Das führt ihn gelegentlich sogar zu einer Hochleistung und damit zu einer Überkompensation der einstigen Schwäche. Das Beispiel des griechischen Redners Demosthenes mag hier gelten. Von ihm berichtet die Geschichte, daß er in seiner Jugend an einer Sprachstörung litt, sich damit aber nicht abfand, sondern am Strand mit einem Kieselstein im Mund – also unter erschwerten Bedingungen – Sprechen übte und so seine rednerischen Fähigkeiten entwickelte. Ähnliche Kompensationsmöglichkeiten gibt es heute auch. Manch eine besondere und von der Umwelt bewunderte Leistung hat solche Ursachen. Der Sachverhalt ist verhältnismäßig einfach, wo es sich um Fertigkeiten handelt, die durch zähes Training zu steigern sind.

Die Vorgänge werden sehr viel schwieriger, und die Wirkung bleibt oft problematisch, wo es sich um allgemeine seelische Entfaltungsformen handelt, die die Gesamtpersönlichkeit betreffen. Wenn der Schüchterne seine Unsicherheit kompensiert und ein ausgeprägtes Selbstbewußtsein entwickelt, dann bleibt die Frage offen, wieweit der Ausgleich wirklich gelungen ist und wieweit es sich nur um eine Fassade handelt, die bei ernsteren Belastungen schnell zusammenbricht.

Ganz gleich, welches die Ursache der zu kompensierenden Schwäche ist, ob es sich um einen tatsächlichen organischen Mangel handelt oder um das Erlebnis des Zurückgesetztseins in einer sozialen Situation, immer bleibt das Bedürfnis nach Anerkennung in der Gemeinschaft, bleibt der Geltungstrieb unbefriedigt. Er schlägt sich in einem Minderwertigkeitsgefühl nieder, dessen Wurzel keineswegs bewußt erlebt zu werden braucht. Oft liegt der Anlaß sehr weit zurück, in den meisten Fällen sogar in der frühen Kindheit. Er wurde damals verdrängt, aber er wirkt unbewußt als ein Unzulänglichkeitsgefühl weiter, das zu einer Quelle der inneren Beunruhigung wird. Der Mensch findet sich nicht ab. Er übersteigert den betreffenden Trieb ins Uferlose.

Wir erleben diesen Zustand sehr häufig bei den sogenannten Organminderwertigkeiten. Wenn ein Mensch mit einem organischen Mangel behaftet zur Welt gekommen ist (das kann etwa ein verkürztes Bein, ausgesprochene Kleinwüchsigkeit, eine Rückgratverkrümmung im Sinne des Buckels oder ähnliches sein), dann kann bei ihm ein Unzulänglichkeitsgefühl oder ein Minderwertigkeitsgefühl entstehen. Aus diesem entwickelt sich auf dem Wege der Überkompensation ein besonders starker Geltungsdrang. Dessen Befriedigung wird dann gelegentlich mit Mitteln versucht, die auf einer anderen Ebene liegen, vielfach mit ausgesprochen intellektuellen Mitteln.

Hier mag folgendes Beispiel zur Erläuterung dienen: Ein Kind kam mit einem Klumpfuß zur Welt und war somit seinen Kameraden unterlegen. Besonders in den ersten Jahren der Kindheit, in denen das körperliche Geschehen noch eine größere Rolle spielt, wo im Spiel und im Sport körperliche Bewährung wichtig ist, konnte es nicht mithalten. So entstand bei ihm ein deutliches Unterlegenheitsbewußtsein gegenüber seiner Umwelt. Auf der anderen Seite besaß es starke innere Antriebe und war nicht ohne weiteres bereit, sich mit der Rolle des Schlechtweggekommenen abzufinden. Da es eine gute intellektuelle Begabung mitbekommen hatte, verlagerte sich seine persönliche Entfaltung auf dieses Gebiet. Es machte gute Fortschritte, aber selbst bis in das Erwachsenenalter hinein, als ausgereifter Mann, kam er mit seinen intellektuellen Mitteln nicht voll zum Zuge. Die äußeren Verhältnisse waren ungünstig und gaben ihm wenig Möglichkeiten der Selbstbestätigung. Da gelang ihm ein Ansatz im Bereich der Politik, wo neben dem Können die Weltanschauung eine bedeutsame Rolle zu spielen pflegt. Er setzte sich hier mit einer Intensität ein, die zu bemerkenswerten Erfolgen führte. Auch als er bereits eine gewisse Geltung erreicht hatte, genügte ihm dieses Ergebnis nicht. Das ursprüngliche Minderwertigkeitsgefühl war überkompensiert worden zu einem Machtstreben, und als er Macht ausüben konnte, nutzte er diese Möglichkeit ohne Hemmungen aus. Es ging ihm darum, sich Männer und Frauen gefügig zu machen, um in der Unterwerfung anderer sein Erlebnis der Macht auskosten zu können. Nicht Freundschaft, nicht Liebe waren die Triebfedern für seine vielfältigen menschlichen Beziehungen, sondern allein das Machtstreben, das angeregt war von dem ursprünglichen Unzulänglichkeitserlebnis.

Es ist kennzeichnend, daß der Mensch bei einer solchen Überkompensation eines Triebes innerlich nicht zur Ruhe kommt. Das innere seelische Gleichgewicht bleibt gestört. Der Mensch braucht immer wieder das Erlebnis der »Bestätigung« seiner eigenen Werte.

Indirekte Kompensation. – Wir erwähnten bereits, daß die Zusammenhänge im Unbewußten dadurch kompliziert werden, daß nicht ein Bedürfnis allein nach Befriedigung drängt, sondern daß immer mehrere Bedürfnisse im Spiel sind. Außerdem kann die Bedürfnisbefriedigung von einem zum anderen Trieb überwechseln. In diesem Falle sprechen wir von einer indirekten Kompensation des Triebes. So kann die Tatsache, daß ein Geltungsbedürfnis unbefriedigt bleibt, zur Folge haben, daß ein anderes Bedürfnis, also etwa das Besitzbedürfnis, an seine Stelle tritt. Indem der Besitztrieb befriedigt wird, kommt ein Ausgleich im Triebgeschehen zustande, der eine Form von Ersatzbefriedigung darstellt. Es ist möglich, daß Nichtbefriedigung etwa des Sexualtriebes den Nahrungstrieb stärker werden läßt und daß diese neue Befriedigung, insbesondere wenn sie über das Normale hinausgeht, zu einem Ersatz an Stelle des Sexualtriebes werden kann. Dieser Zusammenhang wird deutlich, wenn man sich klarmacht, daß jede Triebbefriedigung zunächst auf Lustgewinn ausgerichtet ist. Es stellt sich dann eine andere Form des Wohlbefindens ein, die immerhin eine Art von Ausgleich im seelischen Haushalt ermöglicht.

Es darf andererseits nicht übersehen werden, daß die Kompensation auch zur Überkompensation werden kann (und es auch häufig wird). Gerade wenn der ursprüngliche Trieb nicht befriedigt werden kann, wird dieser zweite Trieb leicht überwertig, und die Formen seiner Befriedigung werden übersteigert. Der nichtbefriedigte Geltungstrieb schlägt etwa in den Besitztrieb um, dieser wird überwertig, und es erfolgt eine Überkompensation zum Geiz. Umgekehrt kann bei Nichtbefriedigung des normalen Besitztriebes der Geltungstrieb überwertig werden und zur Geltungssucht führen.

Es ist keine Frage, daß auf dem Wege der Kompensation und der Überkompensation zum Teil ungewöhnliche Leistungen erzielt werden. Aber diese Leistungen erfolgen nicht aus einem sachlichen Streben, das Ziel ist nicht die Wertverwirklichung an sich, sondern sie sind nur Mittel zum Zweck der Befriedigung eines ursprünglich unbefriedigten Triebes. Ob es sich dabei um geistige Leistungen, um das Durchhalten von Strapazen oder um eine ungewöhnliche Tapferkeit in einer schwierigen Situation handelt, in allen Fällen kann das Motiv für ein Verhalten in einem unbefriedigten Trieb liegen. Dagegen können die Schaffung eines geistigen Wertes, der Einsatz für andere oder die Verwirklichung eines Ideals ganz zurücktreten.

Alfred Adler, ein Schüler von Freud, hat in seiner Individualpsychologie, die als Kern menschlichen Verständnisses das Geltungs- und Machtstreben ansetzt, die Formen der Kompensation eingehend untersucht. In der Tat kann man im praktischen Leben sehr viele, und zwar keineswegs immer abwegige oder krankhafte Erscheinungen beobachten, die sich ohne weiteres von dieser Einsicht her verstehen und erklären lassen.

Sublimierung

Eine weitere Form der Befriedigung eines Triebes liegt in der sogenannten »Sublimierung« (sublimieren = läutern, erhöhen). Die Psychologie versteht darunter eine Verlagerung und Erhöhung des betreffenden Triebes in rein geistige Ebenen. Freud war der Meinung, daß alle geistigen Leistungen aus der Sublimierung des Sexualtriebes entstanden seien. Es ist ohne Zweifel möglich, daß seelische Energie, die sich in der Erotik nicht auszuleben vermag, in geistige Schöpferkraft verwandelt werden kann. Aber es ist sicherlich zu einseitig, alle geistigen Leistungen nur aus dieser Wurzel verstehen zu wollen. Man wird neben den elementaren Trieben auch höhere Triebe als ursprünglich gegeben annehmen müssen. Sicherlich bestehen beide nebeneinander und kommen lediglich in verschiedenen Ebenen seelischen Geschehens zur Befriedigung.

Im Grunde handelt es sich bei der Sublimierung auch um eine Form der Kompensation oder der Ersatzbefriedigung. Nur schlägt in diesem Falle ein elementarer Trieb in ein geistiges Bedürfnis um, oder, anders ausgedrückt, es wird ein niederer Trieb in einen höheren Trieb umgewandelt. Der betreffende Mensch verzichtet freiwillig oder zwangsweise auf die elementare Befriedigung, und er findet eine andere Form der Befriedigung in seiner Betätigung auf einem geistigen Gebiet. Auch das wird ohne weiteres verständlich, wenn man das Lustprinzip zur Erklärung heranzieht. Es geht in beiden Fällen darum, daß eine innere Zufriedenheit oder, anders ausgedrückt, ein möglichst hohes Maß an Lust erreicht wird. Dabei ist es nicht entscheidend, auf welchem Wege und in welchem Bereich, auf welcher seelischen Ebene das erreicht wird. Es kommt nur darauf an, daß Unlust vermieden und das Gefühl der Zufriedenheit erreicht wird.

Verarbeitung der Erlebnisse

Jedes Erlebnis muß verarbeitet, es muß dem Gesamtbestand des Seelischen zwanglos eingefügt werden. Die Psychologie nennt diesen Vorgang der Verarbeitung »Assimilation«. Wenn das Erlebnis nicht assimiliert wird, dann bleibt es gewissermaßen als Fremdkörper in der Seele bestehen.

Viele Erlebnisse fügen sich von vornherein ohne Schwierigkeiten dem bisherigen seelischen Geschehen ein. Aber es gibt auch Erlebnisse, die dem Empfinden und Fühlen, der inneren Einstellung, der Lebensleitlinie widersprechen. Ein fremdes und nicht erwünschtes Erlebnis kann zwar gedanklich verarbeitet werden, man kann aus Klugheit und Nützlichkeitserwägungen zu diesem Erlebnis ja sagen, und trotzdem wird es nicht assimiliert. Vielmehr sträubt sich das Unbewußte dagegen, und es entsteht ein Konflikt, der im Unbewußten ausgetragen wird.

Um den Vorgang an einem Beispiel aus dem Alltag zu demonstrieren, kann man sich etwa folgendes vergegenwärtigen: Ein Mensch erstrebt in seiner beruflichen Situation durch seine Leistung die Selbstbestätigung. Er hält etwas von sich, und er schätzt sein Können recht hoch ein. Mit seinem Streben ist er auf Vorankommen eingestellt. Nun erfährt er plötzlich durch eine scharfe Kritik seines Vorgesetzten, daß er in den Augen seiner Umgebung keineswegs dem Bild gleicht, das er von sich selbst hat. Er kann dieses Erlebnis der Kritik mit Hilfe seiner Vernunft verarbeiten. Er kann es begründen mit einer augenblicklich schlechten eigenen Verfassung (er war nicht so gut in Form, wie er es sonst ist). Er kann es rechtfertigen mit dem Argument, einer einseitigen und ungerechten Kritik des Vorgesetzten ausgesetzt gewesen zu sein, die aus dem Augenblick heraus ausgesprochen wurde und für sein Gesamtbild nicht allzuviel bedeutet. Er kann aus Nützlichkeitserwägungen beschließen, nichts dagegen zu unternehmen, weil er damit seine Position gefährden könnte, was er im Interesse der eigenen Wünsche und im Interesse der eigenen Familie nicht tun möchte. Und damit ist dieser Komplex scheinbar verarbeitet. Statt dessen ist das Erlebnis zwar verstandesmäßig akzeptiert, aber es ist keineswegs dem gesamtseelischen Haushalt zwanglos eingefügt und dadurch assimiliert. Vielmehr arbeitet es nun im Unterbewußtsein weiter. Wenn der Mensch stärker auf Selbstbeobachtung eingestellt wäre, dann würde er wahrscheinlich einige warnende Hinweise, etwa aus seinen Träumen, entnehmen können. So kann es sein, daß der Traum ihm eine Situation vorspiegelt, in der er als Redner auf dem Podium steht und den Beifall der Zuhörer erlebt. Umgekehrt kann der Traum ihm vorspiegeln, daß er einen Zug zur rechten Zeit erreichen möchte und immer wieder Hindernisse dazwischenkommen, die es unwahrscheinlich erscheinen lassen, daß er noch zur Zeit kommt. Im ersten Fall erscheint ein übersteigerter Ausgleich des negativen Erlebnisses, im zweiten Fall wird es – in andere Form gekleidet – noch einmal wiedergegeben.

Die echte Assimilierung eines negativen Erlebnisses wird dadurch für den Menschen weitgehend erschwert, daß sie fast immer eine Bereitschaft zum Verzicht erfordert. Der Betreffende müßte seine Ziele zurückstecken, seinen Geltungsanspruch und seine Selbstbestätigung in bescheidener Weise suchen. Es kommt nur darauf an, daß der Verzicht nicht erzwungen wird, wie es geschieht, wenn man äußerlich ja sagt, ohne innerlich zuzustimmen. Die Assimilierung ist nur dann geglückt, wenn der Mensch sich innerlich umorientiert, umstellt auf eine neue Lebenssituation und auf neue Lebensziele. Dann ist auch der innere Ausgleich im seelischen Haushalt wiederhergestellt. Es entsteht ein inneres Wohlbefinden, eine gewisse gelöste Grundhaltung, in der der Mensch verharren kann, ohne daß er von innen her beunruhigt wird.

Wenn das Erlebnis nicht assimiliert wurde, wird man mit störenden Einflüssen vom Unbewußten her auf das Denken und Handeln rechnen müssen. So kann es, um bei unserem Beispiel zu bleiben, etwa dazu kommen, daß der Mensch in einer späteren Situation, die ihm keineswegs besonders schwierig erscheint und der er ohne weiteres gewachsen sein müßte, plötzlich eine Unsicherheit spürt und gehemmt ist.

Probleme der Assimilierung von schwierigen oder erschütternden Erlebnissen gibt es für jeden Menschen. Solange das Es und das Ich nicht aufeinander abgestimmt sind – um mit den Ausdrücken der Psychoanalyse zu sprechen –, sondern gegeneinanderstehen, so lange werden Konflikte im Unbewußten ausgetragen werden. Wenn dagegen ein natürlicher Ausgleich zwischen Bewußtsein und Unterbewußtsein gelingt, dann lebt der Mensch im Zustand innerer Sicherheit und Gelöstheit. Prinzipiell gibt es mehrere Möglichkeiten der Erlebnisverarbeitung.

Erlebnisverarbeitung mit aufbauender Wirkung. – Erlebte Unzulänglichkeiten werden durch erhöhte Anstrengung ausgeglichen. Der Betreffende versucht, diejenigen Mängel, deren Anpassung Schwierigkeiten bereitete, auszugleichen, indem er seine eigenen persönlichen Möglichkeiten zäh weiterentwickelt.

Eine aufbauende Wirkung der Erlebnisverarbeitung ist auch durch Sublimierung möglich, das heißt durch eine Verlagerung der Bedürfnisbefriedigung. Diese setzt immer einen echten Verzicht auf die Befriedigung eines Bedürfnisses voraus, damit der Inhalt der Lebenserfüllung in einem anderen, höheren Bereich geistigen oder ethischen Lebens gefunden werden kann. Der nicht erreichte Anspruch wird tatsächlich aufgegeben, und das Dasein erfüllt sich in einem anderen möglichen und zugänglichen Bereich.

Erlebnisverarbeitung mit zermürbender Wirkung. – Eine negative und destruktive Wirkung der Erlebnisverarbeitung ergibt sich dann, wenn der Verzicht auf die Triebbefriedigung zum Ressentiment führt, zu einem zwiespältigen, neidisch verneinenden Verzicht. Es handelt sich dabei um einen Verzicht aus Schwäche. Innerlich erfolgt keine Zustimmung, und es gelingt keine Orientierung auf andere Ziele der Lebens- und Sinnerfüllung.

Eine andere Art der negativen Erlebnisverarbeitung ist die Überkompensation. Hier wird versucht, den Verzicht auf die Triebbefriedigung zu vermeiden, indem man so tut, als ob der Anspruch befriedigt werden könnte und die Bestätigung in der Umwelt gelungen sei. Der Angeber, der seine eigene Unzulänglichkeit nicht wahrhaben will und durch Aufmachung und Prahlerei eine unechte Rolle im Leben darzustellen versucht, ist ein Beispiel für eine solche Form der Überkompensation. Sie bedeutet keine echte Bewältigung der Erlebnisverarbeitung, sondern bleibt als Beunruhigung im Unbewußten nach wie vor bestehen.

Eine ausgesprochen unproduktive Art der Erlebnisverarbeitung bildet auch die Flucht in die Krankheit, Flucht in eine verwahrlosende Gleichgültigkeit oder, im Extremfall, die Flucht in den Tod. In allen Fällen handelt es sich um ein Ausweichen vor der eigenen Problematik, die zu einem mehr oder weniger ausgeprägten Sichfallenlassen führen kann.

In allen diesen Versuchen der Erlebnisverarbeitung wird die Wirkung des Unbewußten sichtbar. Es zeigt sich, daß eine Erlebnisverarbeitung nur dann glücken kann, wenn das rationale Verstehen und die innere unbewußte Einstellung aufeinander abgestimmt sind. Das führt dann zu einer Anpassung an die veränderte Lebenssituation.

Der Mensch steht immer vor der Aufgabe, solche Umanpassungen zu vollziehen. Er versucht aber, den einmal erreichten Zustand der Anpassung zu behaupten, und er versucht das um so mehr, je weniger er sich von seiner seelischen Verfassung her den neuen Forderungen der Umanpassung gewachsen fühlt. Deshalb entstehen Konflikte und Fehlverarbeitungen der Erlebnisse vor allem bei schwächeren Naturen; diese sind auch besonders anfällig für seelische Erkrankungen.

Mißglückte Erlebnisverarbeitung

Die mißglückte Erlebnisverarbeitung und die daraus entstehenden Konfliktsituationen im Unbewußten können zu verschiedenen Formen seelischer Erkrankungen führen. Sie sind in einzelnen Beispielen bereits angedeutet worden. Ihre ausführliche Behandlung würde viele Bände füllen. Uns mag an dieser Stelle eine kurze Übersicht über die wesentlichen Erkrankungsformen genügen.

Angstzustände (Phobien). – Wenn jemand in einer Lebenssituation, die objektiv dazu keinen Anlaß gibt, Angstzustände empfindet, so bezeichnen wir das als eine seelische, eine neurotische Erkrankung. Wenn sich ein Erwachsener fürchtet, über eine verkehrsarme Straße zu gehen, wenn er in einem hohen Gebäude oder in einem geschlossenen Raum plötzlich Angst empfindet, wenn er sich fürchtet, ein Messer in die Hand zu nehmen, oder wenn er eine übermäßige Bazillenfurcht entwickelt, die ihn zu zwangsmäßigem und immer wiederholtem Waschen der Hände veranlaßt, dann haben wir es mit solchen Phobien zu tun.

Übersteigerte Affekte (Hysterie). – Wenn Menschen in übersteigerter Weise auf die harmlosesten Dinge reagieren (etwa in dramatischen Zornesausbrüchen), wenn sie plötzlich in übersteigerter Form schreien und weinen, ohne daß ein erkennbarer Grund dafür vorhanden ist, dann nennen wir dieses Verhalten hysterisch. Der laienhaften Vorstellung, daß es sich bei der Hysterie nur um ein Sichgehenlassen handelt, muß allerdings widersprochen werden. Auch hier geht es um ein Zwangsverhalten, dem der einzelne sich kaum entziehen kann. Es kommt dann etwas über ihn, ohne daß er mit seinem Willen gegen diese Erscheinungen ankommen kann.

Zwangsläufiger Stimmungswechsel (manisch-depressive Zustände).

– Bei manchen Menschen stellt sich in periodischen Abständen ein tiefgreifender Stimmungswechsel ein, ohne daß hierfür Ursachen vorliegen. In der manischen Phase sind diese Menschen dann in einer ausgesprochen gehobenen Stimmung, von betontem Optimismus und großer Unternehmungslust. In der depressiven Phase stehen sie unter einem seelischen Druck, leiden an übersteigerten Gewissensanklagen, neigen zu einem extremen Pessimismus. Mit diesem Stimmungswechsel geht gleichzeitig ein schwankendes Selbstvertrauen einher. In der manischen Phase ist es übersteigert, in der depressiven Phase neigt der Mensch zur Verzagtheit. Auch dieser Stimmungswechsel läuft irrational ab und ist vom Verstand nicht kontrollierbar.

Zwangshandlungen und Zwangsideen. – Es gibt Menschen, die in ihrem Verhalten gegen die überkommenen Regeln und Sitten verstoßen, indem sie – von Zwangsvorstellungen und Zwangsideen getrieben – gewisse oft fast rituelle Handlungen vornehmen. Übertreibung des Ordnungssinnes und der Reinlichkeit gehören, wenn diese zwangshaften Charakter annehmen, hierhin, desgleichen umständliche Vorbereitungen vor dem Schlafengehen, bei denen ganz bestimmte unsinnige Handlungen vorgenommen werden. Da müssen etwa die Schuhe an einer bestimmten Stelle und in einer bestimmten Richtung stehen. Es wird wiederholt überprüft, ob die Tür abgeschlossen ist, immer wieder führt der Weg zum Gashahn, um festzustellen, ob auch kein Gas ausströmen kann, und was dergleichen mehr beobachtet wird.

Es gibt zahlreiche Variationen innerhalb der genannten Gruppen. Daneben kennzeichnen die Perversionen Abirrungen des Trieblebens, wie etwa der Sadismus (die Lust am Quälen des anderen) oder der Masochismus (die Lust am eigenen Gequältwerden) und die abnormen Formen des Sexualverhaltens wie etwa die Homosexualität (gleichgeschlechtliche Liebe) Extremformen einer triebhaften und gefühlsmäßigen Fehlorientierung. Alle diese Formen treten aus dem Rahmen normalen seelischen und unbewußten Lebens heraus.

Kollektiverlebnisse des Unbewußten

Bisher haben wir immer nur von dem individuellen Unbewußten eines Menschen gesprochen. C. G. Jung hat in seinen Forschungen herausgestellt, daß unterhalb der Schicht des individuellen Unbewußten eine Schicht des kollektiven Unbewußten vorhanden ist, das einer Gruppe beziehungsweise allen Menschen gemeinsam ist. Es handelt sich hier um alle unbewußten Ideen, Vorstellungen und Instinkte, die aus der Urgeschichte der Menschheit übernommen wurden. Jung hat von »Archetypen« gesprochen, von Bildern der frühen Vergangenheit, die vor allem in Symbolen spürbar werden und in denen unbewußte Probleme sichtbare Gestalt gewinnen. Die Schlange, der Drache, der böse Geist, die gute Fee, der strahlende Held, die Amazone und ähnliches sind Vorstellungen, die bei allen Völkern und zu allen Zeiten nachweisbar sind. Vor allem im Traum des einzelnen Menschen klingen diese Symbole an. Dabei wird individuelles Erleben in die Form ganz allgemeiner Vorstellungen gebracht. Jung konnte nachweisen, daß in uns allen die Vergangenheit unserer Menschheitsgeschichte noch unbewußt lebendig ist. Es ist vielleicht gerade in der technisierten Welt unserer Tage wichtig, darauf hinzuweisen, daß der Mensch auch noch aus anderen Quellen als denen der bloßen Vernunft lebt.

Darüber hinaus gibt es Zeiterscheinungen in der kollektiven Einstellung und Erlebnisform der Menschen, die, angeregt durch eine bestimmte Zeit- und Lebenssituation, nicht nur den einzelnen, sondern ganze Bevölkerungsgruppen erfassen. Sie sind deshalb besonders wichtig, weil von ihnen eine ausstrahlende Wirkung auf andere Menschen ausgeht, ein Sog gewissermaßen, der das Einzelindividuum in die Denk- und Handlungsweise des Kollektivs mit hineinzieht. Der Wiener Tiefenpsychologe Frankl hat vier verschiedene Formen des kollektiven unbewußten Lebens unterschieden, die zum Teil bereits deutlich neurotischen, das heißt krankhaften Charakter tragen.

Provisorische Daseinshaltung. – Diese Haltung ist angeregt durch die Erlebnisse der Menschen in der Zeit des Krieges und des Zusammenbruchs. Hier war es für jeden mehr oder weniger geboten, nur von einem Tag zum anderen zu leben, da niemand mit Sicherheit damit rechnen konnte, den nächsten Tag noch zu erleben. Eine solche »provisorische« Haltung wird gegenwärtig von der Furcht vor der Atombombe und den daraus möglichen Folgen genährt. In der Haltung des provisorischen Dahinlebens verliert jedoch das Leben seinen eigentlichen Sinn. Es ergibt sich eine kurzfristige Bedürfnisbefriedigung, die begleitet ist von einer ständigen Erwartungsangst. Damit wird gleichzeitig der natürliche Lebensrhythmus gestört, der in einer ständigen und natürlichen Verbindung von der Vergangenheit über die Gegenwart bis zur Zukunft steht.

Fatalistische Lebenseinstellung. – Die fatalistische Grundeinstellung beruht darin, daß der Mensch die Überzeugung gewinnt, etwas geschehe mit ihm, er selbst aber habe auf seine Lebensgestaltung keinen rechten Einfluß mehr. Die Schuld an seinen Enttäuschungen, an seinem Versagen gibt er äußeren Umständen oder Mächten. Entweder ist es die gesellschaftliche Lage, in der er sich befindet, oder es sind die seelisch-leiblichen Grundlagen, die er als gegeben und unabänderlich hinnimmt. Das lähmt seine Initiative und rechtfertigt vor seinen eigenen Augen jede Unterlassung. Zu dieser Haltung gehört auch der Schicksalsglaube, der sich in verschiedener Form, etwa in dem Glauben, daß der Stand der Sterne das Schicksal des Menschen festgelegt habe, widerspiegelt. Die Zahl derjenigen Menschen, die solchem primitiven fatalistischen Schicksalsglauben verfallen, ist gerade in einer Zeit, in der vielen Menschen die echte innere Beziehung zum Metaphysischen und zum Göttlichen verlorengegangen ist, sehr groß.

Kollektivistisches Denken. – Beim kollektivistischen Denken verzichtet der Mensch auf Eigenverantwortung, taucht in der Masse unter, läßt sich von ihr treiben und in seinem Verhalten und Handeln bestimmen. Dabei entsteht in ihm dann so etwas wie ein Herdeninstinkt, der darauf ausgerichtet ist, das zu tun, was alle tun, ohne dem einzelnen die Frage nach der Berechtigung dieses Tuns vorzulegen. Es ergibt sich von selbst, daß bei einem solchen kollektivistischen Denken Persönlichkeiten nicht wachsen können, wie auch echte Gemeinschaften in diesem Klima nicht entstehen. Es geht letztlich um das Sichgleitenlassen in eine bequeme, unverbindliche allgemeine Haltung, die ihre Rechtfertigung einzig darin sieht, daß es so eben alle tun.

Fanatismus. – Während der kollektivistisch eingestellte Mensch seine eigene Meinung und seine Persönlichkeit ignoriert, ignoriert der Fanatiker die Persönlichkeit und die Meinung des anderen. Für ihn gilt nur seine eigene Meinung, und er ist darauf aus, diese Meinung rücksichtslos durchzusetzen. Dabei kann er der Ansicht sein, daß sein Wollen zu einem guten Zweck führt, der sämtliche (!) Mittel heiligt. Es handelt sich hier aber nur selten um begründete Stellungnahmen, sondern um allgemeine Phrasen und Schlagworte, die die Lebenssituation und die Lebensziele in stark vereinfachter Form wiedergeben. Der Fanatiker sieht mit der Durchsetzung seiner Meinung alle Probleme auf einmal gelöst.

Die Intensität seines Strebens ist um so größer, je einseitiger er in seiner Meinungsbildung ist. Dabei erhalten gewisse Parolen und Worte einen fast magischen Charakter für ihn, der nicht mehr durch verstandesmäßige Argumente zu beeinflussen ist. Sie werden einfach als Glaubenssätze übernommen und erhalten von da aus eine Suggestivwirkung, die in der Lage ist, sich etwa in der Form von Kettenreaktionen weiter fortzupflanzen. Alle diese Formen kollektiv-unbewußten Erlebens und Verhaltens stehen der eigentlichen menschlichen Entfaltung der Persönlichkeit entgegen. Ihre Gefahr liegt darin, daß sie vom Bewußtsein her kaum beeinflußbar sind, wenn sie sich einmal festgesetzt haben. Insofern tragen sie durchaus denselben Charakter wie das individuell Unbewußte, das auch nicht der verstandesmäßigen Begründung zugänglich ist, sondern in seinen negativen Wirkungen erst neutralisiert werden kann, wenn die eigentlichen Hintergründe erkennbar werden. Das ist im kollektiven Bereich schwieriger als im individuellen.

Zugang zum Unbewußten

Wenn die geschilderten Zusammenhänge im Unbewußten nicht eine theoretische Konstruktion sein, sondern der Wirklichkeit entsprechen sollen, dann ist die Frage berechtigt, wie man Unbewußtes überhaupt erfahren kann. Durch Selbstbeobachtung ist das offensichtlich nicht möglich, denn in dem Moment, wo ich selbst im Bewußtsein etwas erfahre, ist es ja nicht mehr unbewußt. Die Deutung des Verhaltens eines Menschen durch einen Außenstehenden bleibt aber problematisch, solange nicht ganz bestimmte Erkenntnismöglichkeiten nachgewiesen werden. Sonst wäre es möglich, daß man dem Verhalten jeden beliebigen Sinn vom Unbewußten her unterlegt. Nun ist ganz ohne Zweifel der Zugang zum Unbewußten nicht einfach. Aber wir haben immerhin einige Möglichkeiten, von dem Wirksamwerden unbewußter Kräfte etwas zu erfahren.

Zunächst ergeben sich Hinweise im Ausdrucksgeschehen des Menschen und in seiner produktiven Gestaltung, insbesondere beim zeichnerischen Gestalten. Weiterhin haben wir einen interessanten Zugang zum Unbewußten über die Fehlleistungen des Menschen, die überhaupt nicht verständlich wären, wenn man nicht das Wirken unbewußter Kräfte voraussetzen wollte. Ein ganz großer Bereich, in dem sich das Unbewußte in der Form bestimmter Symbole darstellt, ist das Traumgeschehen. Schließlich haben die Psychoanalytiker eine spezielle Methode entwickelt, mit der sie einen Zugang zum unbewußten Geschehen finden konnten: Das ist die sogenannte freie Assoziation.

Freie Assoziation. – Wenn wir uns in einem völlig entspannten Zustand befinden und ohne Ziel unsere Gedanken schweifen lassen, tauchen spontane Einfälle auf, die oft überraschend weit voneinander entfernt liegen und für die wir keinen Zusammenhang erkennen. Wir haben dann oft das Gefühl, daß es merkwürdig ist, daß uns gerade jetzt dieses einfällt und kurz darauf etwas anderes, das mit dem ersten scheinbar in keinem Zusammenhang steht. Wir sind es gewohnt, daß unser bewußtes Denken in einer erkennbaren Verknüpfung fortschreitet. Wir bewerten ein Denken, das allein vom Einfall bestimmt ist und sich sprunghaft neuen Objekten zuwendet, im allgemeinen schlecht. Wir bezeichnen es als unlogisch, unklar und inkonsequent. Doch in dieser Art laufen unsere Vorstellungen ab, wenn wir die bewußte Kontrolle des Denkens ausschalten und die Gedanken aus dem Unbewußten ohne verstandesmäßige Lenkung aufsteigen lassen.

Diese Tatsache hat sich die Psychoanalyse zunutze gemacht, wenn sie an die Erforschung des Unbewußten der Person herangeht, was im allgemeinen mit dem Ziel der Heilung seelischer Krankheiten erfolgt. Der Psychoanalytiker wird dann seine Patienten auffordern, diesen freien Assoziationen vollen Spielraum zu lassen, sich ganz seinen Einfällen hinzugeben und diese so auszusprechen, wie sie kommen, ohne daß sie im Hinblick auf einen Zuhörer ausgewählt, umformuliert, frisiert und abgeändert werden. Der Patient wird also das Wort, das ihm einfällt, zu erkennen geben, und er wird alle weiteren Wörter, die dann aufsteigen, dem Psychoanalytiker gegenüber aussprechen. Die Aufgabe des Analytikers wiederum besteht darin, nach einer Beziehung zwischen diesen Wörtern und Begriffen zu suchen. Zum Teil sind es außerordentlich komplizierte Beziehungen, die im Unbewußten vorhanden sind. Man muß bedenken, daß durch die freie Assoziation oft Erinnerungen aus dem Unbewußten herausgeholt werden, die bis in die früheste Kindheit zurückreichen und der vollkommenen Vergessenheit anheimgefallen waren. Es zeigt sich immer wieder, daß jene Elemente im Unbewußten in das spätere Geschehen eingreifen und daß vieles von dem Verhalten des Menschen überhaupt erst verstanden werden kann, wenn man sich bis zu diesen unbewußten Einflüssen vorgetastet hat.

Am Rande sei vermerkt, daß die freien Assoziationen am leichtesten dann zustande kommen, wenn der Betreffende (auf einer Couch!) liegt, weil dann ein Zustand völliger Entspannung erreicht werden kann. Sie werden schnell zustande kommen, wenn der Partner nicht als »Beobachter« erlebt wird. Im übrigen gehört eine Menge Übung dazu, dasjenige frei auszusprechen, was wirklich in Erscheinung tritt. Zuerst neigt der Mensch dazu, vieles fortzulassen, weil er es für unwichtig hält, vieles als absurd anzusehen und gleich mit seinem Verstand kritisch zu bewerten. Das alles stört die Assoziation und muß überwunden werden.

Die Methode der freien Assoziation ist vielleicht wissenschaftlich am besten durchgearbeitet und bietet für den geschulten Fachmann das sicherste Material über das Unbewußte seines Patienten. Deshalb ist diese Methode auch in der psychoanalytischen Praxis, also in der Psychotherapie oder Seelenheilkunde, sehr beliebt und wird vielseitig angewandt.

Fehlleistungen. – Bei den Fehlleistungen handelt es sich darum, daß Absichten ohne äußerlich sichtbare Ursache vereitelt werden. Unter ihnen ist das Sichversprechen psychologisch am interessantesten. Der Mensch will anderen etwas mitteilen. Er kombiniert dabei Wörter in logischem Zusammenhang. Nun unterläuft es ihm, daß er ein Wort wählt, das in diesen Zusammenhang nicht hineinpaßt und das er ursprünglich gar nicht sagen wollte. So etwas kommt dadurch zustande, daß unbewußt eine Gegeneinstellung gegen dasjenige vorhanden ist, was er mitteilen wollte.

Dafür ein Beispiel: Ein Mann hat eine Sitzung zu eröffnen und zu leiten, bei der er ganz bestimmte sachliche Dinge durchsetzen möchte. Andererseits ist er sich darüber im klaren, daß er Widerstand finden und es wahrscheinlich zu härteren Auseinandersetzungen kommen wird. Er beginnt die Sitzung mit folgenden Worten: »Meine Herren, ich schließe die heutige Sitzung, auf der wir zu einem Entscheid hinsichtlich des bereits lange anstehenden Problems kommen müssen.« Er hatte sagen wollen: »Ich eröffne die heutige Sitzung . . .« und hat versehentlich das Wort »schließe« gewählt. Dahinter steht ohne Zweifel der unbewußte Wunsch, diese Sitzung möglichst rasch hinter sich zu haben. Das Unbewußte hat sich im Konflikt mit dem willentlich bewußten Vorhaben durchgesetzt.

In diesem Fall handelt es sich um eine sehr harmlose Form der Fehlleistungen, wenn sie auch ebenso wie ein Verschreiben eine peinliche Wirkung hervorrufen kann, da sie allzu leicht durchschaubar ist. Nicht alle Fehlleistungen sind so leicht zu durchschauen. Wir neigen im allgemeinen dazu, ihnen im Alltag keine große Bedeutung beizulegen, aber sie vermögen uns oft einen Fingerzeig auf das zu geben, was im anderen Menschen tatsächlich vorgeht.

Eine andere Gruppe von Fehlleistungen betrifft das Vergessen. Man ist genötigt, eine Besprechung mit einem Vorgesetzten zu führen, die nicht sehr angenehm sein wird. Man schiebt sie zuerst ein wenig hinaus, nimmt sich dann aber vor, sie am nächsten Tag durchzuführen. Für diese Besprechung benötigt man eine Unterlage, und als man am nächsten Tag eine Verabredung mit dem Vorgesetzten treffen will, stellt man fest, daß man die Unterlage vergessen hat. Daher kann die Besprechung nicht stattfinden und muß auf den nächsten Tag verschoben werden, so daß man noch eine gewisse Galgenfrist hat. Das Vergessen ist ganz bestimmt nicht bewußt erfolgt. Bewußt hatte man sich vorgenommen, diese Besprechung nun endlich durchzuführen, aber unbewußt hatte man sich dagegen gesträubt und durch das Vergessen einen Vorwand geschaffen, der die Besprechung unmöglich machte. Wir neigen in solchen Fällen leicht dazu, anzunehmen, daß der Partner bewußt die Voraussetzungen so gestaltet, daß er bestimmten Dingen aus dem Wege gehen kann. Damit unterstellen wir oft etwas, was in Wirklichkeit nicht vorhanden ist.

Eine weitere Form der Fehlleistung ist das Zuspätkommen. Es

kann einfach die Flucht vor etwas Unangenehmem sein, das einen erwartet. Man entgeht zwar dem Unangenehmen nicht, aber man zögert es etwas hinaus. Wiederum tut man das nicht bewußt, weil man als verständiger Mensch sich ja sagen kann, daß der kleine Aufschub keine Erleichterung bringt, aber das Unbewußte wirkt sich eben in dieser Richtung aus. Es gibt aber noch eine andere Form des Zuspätkommens, die mit dem Geltungsbedürfnis zusammenhängt. Man hat etwa abends Gäste eingeladen, und sie kommen wesentlich zu spät. Sie entschuldigen sich dann mit höflichen Worten und haben sicherlich auch einige plausible Gründe zur Hand, aber der eigentliche Grund liegt ganz anders. Der betreffende Gast ist unsicher in seinem Selbstwertgefühl, braucht immer wieder die Bestätigung der eigenen Person. Es liegt also ein leicht beunruhigtes und nicht voll befriedigtes Geltungsbedürfnis vor. Indem er den Gastgeber warten läßt, erlebt er das Gefühl der Unabhängigkeit. Oft liegt darin geradezu ein unbewußtes Aufbegehren gegen einen Vorgesetzten.

Alle diese Fehlleistungen geben keinen systematischen Zugang zum Unbewußten. Man wird prüfen müssen, ob diese oder jene Deutung des unbewußten Geschehens gerechtfertigt ist. Es sei davor gewarnt, etwa im Alltag aus der Beobachtung von Fehlleistungen weitgehende Schlüsse auf unbewußte Vorgänge im anderen Menschen zu ziehen. Aber gelegentlich werden diese Beobachtungen zum Verständnis des anderen wesentlich beitragen können.

Ausdrucksgeschehen. – Im Ausdruck gibt der Mensch Seelisches unmittelbar zu erkennen. Wir kennen verschiedene Felder menschlichen Ausdrucks: in der Hauptsache das Gesicht, die Sprache, den Gang, die Gestik, die Schrift. Schließlich wäre der zeichnerische Ausdruck zu nennen, wenn dieser auch nicht zu den üblichen Ausdrucksformen gehört, sondern im allgemeinen besonders angeregt werden muß. Nun ist der Mensch zweifellos in der Lage, dieses Ausdrucksgeschehen zu kontrollieren und zu formen. Aber es erscheinen im Ausdrucksgeschehen auch viel unbewußte Symptome, die spontan auftreten. Wir haben bis zu einem gewissen Grade die Möglichkeit, zwischen einem echten und einem unechten Ausdruck zu unterscheiden, zwischen einem gewollten Ausdruck, der zu einem bestimmten Zweck geformt wurde, und einem ungewollten, ursprünglichen und unbewußten.

Im unbewußten Ausdrucksgeschehen können wir einen wesentlichen Einblick in das unbewußte Geschehen des Menschen gewinnen. Wir sind bereits auf die Ausdrucksformen als Möglichkeit menschlichen Erkennens eingegangen. Es sei hier nur auf den zeichnerischen Ausdruck hingewiesen.

In der Psychotherapie spielt die Deutung der zeichnerischen Darstellung eine wesentliche Rolle. Hier kann man die Äußerung un-

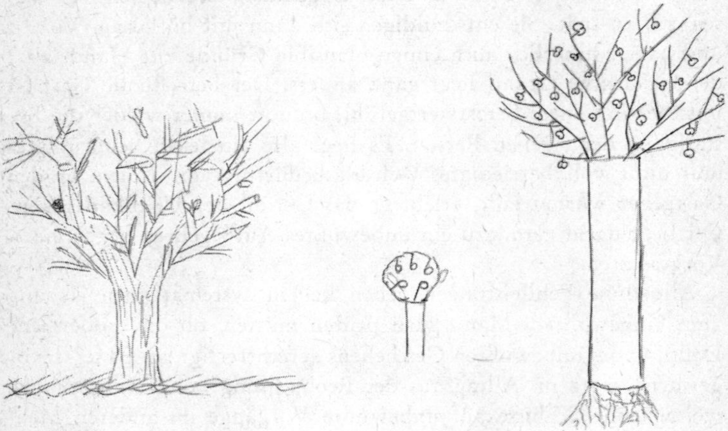

Kinderzeichnungen zum Thema »Baum«. – Links: Ausdruck unkomplizierten seelischen Erlebens auf der Grundlage einer gesunden und belastbaren Lebenskraft (vierzehn Jahre). Mitte: Äußerung einer primitiven Erlebnisform eines schwach begabten Mädchens (vierzehn Jahre). Rechts: Das »Geradegewachsensein« als unbewußtes Leitbild eines verwachsenen Mädchens (vierzehn Jahre).

Kinderzeichnungen zum Thema »Baum«. – Im zeichnerischen Ausdruck wird – besonders bei Jugendlichen – etwas von der meist unbewußten Problematik des Menschen sichtbar. Oben links: Aggressionen und Erfolgswünsche, die aus einer verdeckten Grundhaltung – als Folge der Erziehung – herausschießen (zwölf Jahre). Oben Mitte: Feinfühlige Differenzierung seelischen Erlebens (siebzehn Jahre). Oben rechts: Verdrängung unbefriedigter Bedürfnisse. Bei stabiler Grundlage Widerstreit im Inneren (sechzehn Jahre). Unten links: Unreales Habenwollen bei gleichzeitigem Versagen in der Wirklichkeit; mit zu kurzer Leiter wird ein voller Sack Äpfel vom blätterlosen Baum gewonnen (zwölf Jahre). Unten Mitte: Unbeküm-

merte Aktivität, ersichtlich durch die angedeutete Schüttelbewegung und die zahlreich fallenden Äpfel (vierzehn Jahre). Unten rechts: Lebenserfüllung und Selbstbestätigung im Wunschtraum und in der Illusion bei gleichzeitigem Versagen in der Wirklichkeit (dreizehn Jahre).

bewußter Vorgänge anregen und im Zusammenhang mit anderen Erkenntnissen deuten. Dabei wird die Symboldeutung insbesondere dann ergiebig sein, wenn man sie mit einer anderen Symboldeutung vergleichen und kombinieren kann, etwa in der Deutung eines Traumes.

Unabhängig von der Symboldeutung wird im zeichnerischen Ausdruck etwas von der – meist unbewußten – Problematik des Menschen sichtbar. Er projiziert in die Zeichnung etwas von seinem eigenen Inneren hinein. Diese Tatsache hat sich die Psychologie bei der Einführung verschiedener Zeichenteste nutzbar gemacht. Man regt den Betreffenden zu zeichnerischer Äußerung an, indem man ihm eine bestimmte Aufgabe stellt. Man kann damit rechnen, daß er bei der Erfüllung dieser Aufgabe subjektive Erlebnisse in die Zeichnung mit hineinlegt.

Zur Erläuterung dieser Erscheinungen geben wir im folgenden einige Beispiele. Hier wurde ein paar Kindern die Aufgabe gestellt, einen Laubbaum zu zeichnen. Mit mehr oder minder guten zeichnerischen Mitteln kann das jeder Mensch. Außerdem regt gerade der Baum – als organisches Gebilde, als Lebewesen – in besonderem Maße die Neigung an, Eigenes in die Zeichnung hineinzulegen, zu »projizieren«.

Es handelt sich bei den Abbildungen zum Teil um Volksschulabgänger, die sich einer psychologischen Eignungsuntersuchung stellten, und zum anderen Teil um zwar schwierige, aber nicht krankhafte Fälle aus der Praxis des Erziehungsberaters. Die Beispiele zeigen, wie Unbewußtes in der zeichnerischen Gestaltung sichtbar wird.

Traum als Ausdruck unbewußten seelischen Geschehens. – Seit Jahrtausenden haben sich die Menschen mit dem Traum und seiner Deutung beschäftigt. Aber erst die Psychoanalyse Freuds hat, von der Theorie des Unbewußten ausgehend, eine Systematik des Traumgeschehens entwickelt. Ganz allgemein kann heute gelten, daß im Traum eine fast grenzenlose Welt der unbewußten Antriebe, der Wünsche, der Hoffnungen, der Sorgen, der Ansprüche dargestellt wird. Demgegenüber bedeuten gewisse körperliche oder Sinnesreize nur das auslösende Moment.

Der Inhalt des Traumes wird ganz vom unbewußten seelischen Geschehen her gestaltet. Allerdings erscheint dieser Inhalt nicht einfach und klar, vielmehr tritt er oft verhüllt und verschleiert auf, so daß zunächst kaum ein Sinn in seinem Geschehen zu liegen scheint. Und doch ist der Inhalt des Traumes nicht zufällig, sondern steht im engen Zusammenhang mit den seelischen Vorgängen in unserem Unbewußten.

Da träumte ein über fünfzigjähriger erfolgreicher Geschäftsmann, daß ein Riese besonders nett zu ihm war; der hatte einmal die Gesichtszüge seines Vaters, sie verschwanden dann aber, und es tauchten solche auf, die an den Dorfgendarmen seiner Kindheit erinnerten. Diese wieder wurden zu den Zügen des Feldwebels während seiner Dienstzeit, die fünfzehn Jahre später lag. Offenbar wurde hier in der Figur des Riesen, der wechselhaft die Züge des Vaters, des Gendarmen und des Feldwebels annahm, die Autorität an sich verkörpert. Diesen Vorgang, das Zusammenziehen mehrerer Figuren zu derselben Erscheinung, nennt man Verdichtung. Das Thema der überragenden Autorität hätte theoretisch auch an den genannten Figuren nacheinander dargestellt werden können. Charakteristisch für den Traum ist aber die räumliche und zeitliche Raffung zu einem einzigen Ereignis. Wenn wir in der Erscheinung des Riesen die Wiedergabe der Autorität sehen, so ist noch die Frage offen, warum gerade das Autoritätsproblem für den Betreffenden so bedeutsam war, daß es im Traum anklang. Nun, in diesem Falle lagen die Dinge sehr einfach; es handelte sich um einen Menschen, der am kommenden Tag eine Steuererklärung abzugeben hatte. Wir verstehen jetzt, daß das Bild des freundlichen Riesen einem elementaren Wunsch des betreffenden Menschen entsprach. Triebwünsche oder auch unverarbeitete seelische Konflikte regen die Entstehung von Träumen an.

Eine weitere Erscheinung beim Traumgeschehen ist die sogenannte Verschiebung. Hier wird der Inhalt der Wünsche, Triebe oder Konflikte nicht so deutlich sichtbar wie in dem zuerst genannten Beispiel, sondern er wird auf einen anderen, scheinbar ganz neutralen Bereich verschoben. Was in Wirklichkeit im unbewußten seelischen Leben vorgegangen ist, bleibt zunächst unverständlich. Die Psychoanalyse spricht in diesem Falle von einem Traumzensor, dem Repräsentanten des Über-Ichs oder der moralischen Instanz im Menschen. Dieser »Zensor« sorgt dafür, daß die Triebwünsche nicht allzu elementar durchbrechen, daß sie vor allem nicht in einer moralisch anstößigen Form erscheinen. Besonders häufig wird hier vom Traum der Weg gewählt, das Geschehen in Symbole einzukleiden, die eine allgemeine Bedeutung haben und das Erleben nicht bloßstellen.

Man wird sich den Vorgang der »Verschiebung« etwa folgendermaßen vorstellen müssen: Im Unbewußten besteht ein Spannungszustand zwischen den Trieben und Wünschen, die nach Erfüllung drängen, und dem, was von den moralischen Instanzen her dagegensteht. In diesem Spannungsfeld kommt ein gewisser Ausgleich zustande; aber Unruhe und Bewegung entstehen von neuem, wenn ein Tagesreiz entweder die Antriebe oder die dagegenstehenden Hemmungen angeregt hat. Damit ist der Gleichgewichtszustand gestört, es entsteht eine neue Situation, die im Traum durchlebt und durchgestaltet wird, um eventuell zu neuen Lösungen und Entfaltungen zu kommen. Dabei sind alle Verzichte, die im Wachzustand als selbstverständlich hingenommen würden, in Frage gestellt. Es tauchen Abgründe des Seelischen auf, die nicht frei zum Ausdruck kommen, sondern in Symbole eingekleidet werden. Das Unbewußte versucht auf jeden Fall, mit der inneren Problematik, die vorübergehend blockiert war, fertig zu werden, und in der Tat ist sicher nicht falsch, wenn man dem Traum Lösungsmöglichkeiten zubilligt. Besonders dann, wenn die Spannung im Unbewußten außerordentlich hoch gewesen ist, kann durch eine solche Verarbeitung im Traum eine Abschwächung und Verminderung des Spannungszustandes erreicht werden.

Auf der anderen Seite ist es natürlich dem Psychotherapeuten möglich, von dem Traumgeschehen her rückdeutend auf die im Unbewußten ablaufenden Konflikte, Triebe und Ängste zu schließen. Mit dem Traum hat sich die Menschheit seit nachweisbar viertausend Jahren beschäftigt. Die bisher kaum sechzig Jahre alte Tiefenpsychologie hat eine schier unübersehbare Zahl von Veröffentlichungen zum Traum hervorgebracht. Damit sind Einzelheiten weitgehend geklärt, und einem systematischen Verständnis des Traumgeschehens ist der Weg bereitet. Grundsätzlich jedoch sind die Aussagen über die Bedeutung des Traumes kaum weitergekommen, als sie bereits im Alten Testament vor mehr als zweitausend Jahren bei Daniel 2, Vers 30 angeführt sind: »Auf daß du deines Herzens heimliche Gedanken erführest.«

Menschenbild der Psychoanalyse

Die Entdeckung des Unbewußten durch Freud war ohne Zweifel ein wissenschaftliches Ereignis, das unsere Kenntnis über das Wesen des Menschen entscheidend vertieft und bereichert hat. Dieses Verdienst Freuds wird auch bestehen bleiben, ganz gleich, ob man jede einzelne seiner Theorien anerkennt oder nicht. Auch die von uns geschilderten Erscheinungen und Vorgänge im Unbewußten dürfen heute als allgemeingültig angesehen werden. Die Frage bleibt nur, wie man diese Erscheinungen in das Gesamtbild vom Menschen einordnet und welche Vorstellungen man sich vom Wesen des Menschlichen überhaupt macht.

Die Psychoanalyse sah und sieht den Menschen in seinem Verhalten wesentlich bestimmt durch seine Triebe und durch die unbewußten Vorgänge, die sich aus seinem Triebleben heraus entwickeln. Der primäre Trieb, der das ganze Leben des Menschen durchdringt, ist nach Freud der Sexualtrieb. Er verfügt über eine Energie, genannt die Libido, die sich mit dem Trieb entfaltet. Der Trieb drängt auf Befriedigung. Die Befriedigung dient einmal der Arterhaltung, zum anderen dem Lustgewinn. Nun kann die Befriedigung nicht ungehemmt vor sich gehen, weil der Mensch als soziales Wesen auf das Zusammenleben mit anderen angewiesen ist und sich deshalb an die Ordnungen, die er in der menschlichen Umgebung vorfindet, anpassen muß. Der Zusammenstoß des Triebes mit den Ordnungen der Gesellschaft wird im Ich erlebt. Das Ich setzt sich mit diesem Konflikt auseinander und kann den Trieb verdrängen oder ihn sublimieren. Bei der Sublimierung wird die seelische Energie auf andere Gebiete verlagert. Demzufolge wäre eine produktive geistige Leistung nichts als sublimierte Libido.

Ebenso wird die Religiosität von Freud als sublimierte Libido angesehen, und nach diesem denkbar einfachen Grundsatz werden alle Erscheinungen des kulturellen Lebens interpretiert. Wenn die Sublimierung nicht gelingt, staut sich die Libido des verdrängten Triebes im Unterbewußten an und führt dort zu Konflikten. Diese treten im Traum in Erscheinung und versuchen dort zu einer Lösung zu kommen. Oder sie bilden Komplexe, die das Verhalten des Menschen in bestimmter Richtung bestimmen. Es können Zwangshandlungen entstehen, und es besteht die Möglichkeit, daß von diesen Komplexen her das bewußte seelische und das organische Geschehen beeinflußt wird und erkrankt.

Das Ziel muß – nach der Lehrmeinung der Psychoanalyse – sein, daß die unbewußten Geschehnisse und Ereignisse in das Bewußtsein gehoben werden, damit sie in ihrem Wirken erkannt und gegenstandslos werden. Es kommt also schließlich darauf an, daß man das Wirken der Triebe durchschaut und sich dann nicht mehr von ihnen treiben läßt. Nun zeigt das Vorgehen der Psychoanalyse ohne Zweifel überall dort positive Wirkungen, wo es sich um seelische Konflikte und Erkrankungen handelt. Wenn man etwa eine bestimmte Zwangshandlung, von der der Mensch sich trotz bewußten Bemühens nicht befreien kann, als Auswirkung eines unbewußten Komplexes erkennt und damit überwindet, so hat das für den Ausgleich des seelischen Geschehens eine hohe Bedeutung. Das gleiche gilt für seelisch bedingte organische Erkrankungen.

Die Gefahr bei dem Bild des Menschen, das die Psychoanalyse entwirft, besteht jedoch darin, daß man diese Sicht, die von den treibenden Kräften ausgeht, auf das gesamte Leben überträgt, daß man also das höhere seelische und geistige Geschehen einzig aus den elementaren Wurzeln des Trieblebens zu verstehen versucht. Danach wäre ein Gedicht nichts als sublimierte Libido. Danach handelt der Mensch, der sein Leben für einen anderen opfert, nicht, um die Idee der Nächstenliebe zu verwirklichen, sondern weil sein unbefriedigtes Triebleben in den Todestrieb umschlägt. Es bedeutet sicherlich eine Verfälschung des Menschenbildes, wenn man menschliche Entfaltung und persönliche Verwirklichung nur von der Ursache triebhaften Geschehens her betrachtet.

Man wird, wenn man Menschsein nicht auf die Stufe eines – wenn auch hochentwickelten – Tieres degradieren will, zugeben müssen, daß das Leben des Menschen und seine persönliche Entfaltung einen Sinn haben und daß Menschsein in gewissem Umfang immer erst im Zuge der Wertverwirklichung möglich ist. Man wird zugeben müssen, daß es objektive Werte gibt, wie etwa Liebe, Vertrauen, Treue, und daß die Verwirklichung dieser Werte durch den Menschen einen Selbstwert darstellt. Eine solche Wertverwirklichung kann nicht allein als Zweckmäßigkeitshandlung innerhalb eines Anpassungsvorganges gedeutet werden, der durch ein vielschichtiges Triebgeschehen kompliziert geworden ist.

Nach der Psychoanalyse wird das Bild Gottes als das des allmächtigen Vaters vom Bilde des lebendigen Vaters abgeleitet. Der Mensch schafft sich demnach seinen Gott nach dem Bild, das er in der Kindheit am eigenen Vater erlebt hat. Aber man wird wohl sagen müssen, daß Gott nicht ein Bild, sondern eine Wirklichkeit ist und daß das Bild des lebenden Vaters nach dem Vorbild des allmächtigen Gottes gestaltet worden ist. Hier teilen sich die Auffassungen; sie sind nicht mehr wissenschaftlich begründbar, sondern nur vom Glauben her zu entscheiden.

Von diesen Überlegungen her wurde eine neue Richtung der Tiefenpsychologie aufgebaut, die Existenzanalyse Victor Frankls. Frankl kennt als Psychiater und Psychologe die Vorgänge im Unbewußten sehr genau. Er sieht sie auf dem Hintergrund der gesamten Existenz des Menschen, die nicht nur psychologisch oder biologisch erfaßt werden kann, sondern die einen Sinn hat, der nur vom Metaphysischen und Religiösen zu verstehen ist. Für ihn ist deshalb Psychotherapie nicht nur das Bewußtmachen unbewußter seelischer Vorgänge, sondern Wiederherstellung des Lebenssinnes und der menschlichen Existenz. Unser Dasein ist nach Frankl ausgezeichnet durch drei Momente, die das charakteristische Kennzeichen des Menschlichen sind: Geistigkeit, Freiheit und Verantwortlichkeit.

Geistigkeit. – Unter der Geistigkeit des Menschen ist nicht nur die Entfaltung seines Intellekts, seines Verstandes gemeint. Auch das Unbewußte, in der Form des gefühlsmäßigen Erlebens und vor allem in der Gestalt dessen, was wir mit dem deutschen Wort »Gemüt« bezeichnen, muß als tragender Grund des Geistigen angesehen werden. Es gibt also auch so etwas wie eine unbewußte Geistigkeit. Deshalb kann es auch nicht das letzte Ziel der Psychotherapie sein, alles Unbewußte bewußt zu machen. Der gesund lebende Mensch braucht den tragenden Grund unbewußten Erlebens, aus dem die Gedanken aufsteigen und in den sie als Erinnerung wieder absinken können. Mit dem Begriff Geist ist das Erfassen eines Lebenssinnes gemeint, und dieses Erfassen ist sicherlich nicht allein vom Verstand her möglich, sondern es wird nur gelingen, wenn gemüthafte Kräfte mitschwingen und die bewußten Erlebnisse in einer ganz bestimmten Richtung beeinflussen.

Freiheit. – Der Mensch besitzt Freiheit gegenüber seinen Trieben, gegenüber seinem Erbe (den Anlagen) und gegenüber der Umwelt.

Die Bedeutung der Triebe ist nicht zu unterschätzen. Aber es muß dem Menschen auch zugebilligt werden, daß er die Entscheidungsfreiheit hat, ob er seinen Trieben nachgibt oder nicht. Er kann seinen Trieben gegenüber durchaus nein sagen. Die Triebe hat der Mensch mit dem Tier gemeinsam. Aber während das Tier seinen Trieben instinkthaft folgt und nur von außen her dazu veranlaßt werden kann, sie zu hemmen, ist der Mensch in der Lage, von sich aus seine Triebe zu zügeln.

Ähnliches gilt gegenüber den Anlagen. Die Anlagen, die der Mensch erbt, bestimmen ihn weitgehend. Aber auch ihnen gegenüber hat er seine Freiheit. Er kann seine Anlagen auf ein bestimmtes, und zwar auf ein selbstgewähltes Ziel ausrichten. Er kann seinem Leben einen Sinn geben, ohne daß er sich völlig von seinen Anlagen bestimmen läßt.

Sicherlich hat auch die Umwelt einen nachhaltigen Einfluß auf den Menschen. Aber ebenso sicher ist, daß der Mensch keineswegs dieser Umwelt zu erliegen braucht. Selbst in den Grenzsituationen menschlichen Erlebens braucht er sich nicht von ihr treiben zu lassen. Er behält eine Freiheit der Entscheidung und Handlung, die nur von der Bindung an eine überpersonale Macht bestimmt werden kann. Der Mensch vermag in jedem Fall über sich zu entscheiden, und es ist eine wesentliche Aufgabe der Erziehung, ihn zur Entscheidungsfähigkeit heranzubilden. Das erzieherische Verantwortungsbewußtsein liegt darin, ihm einen positiven Lebenssinn nahezubringen, denn letztlich wird er die Entscheidung so fällen, wie er persönlich den Sinn des Lebens erkennt und auffaßt.

Verantwortlichkeit. – Ist der Mensch in der Lage, nach freiem Willen sein Leben zu gestalten, dann fällt ihm auch die Verantwortung für sein eigenes Leben zu. Verantwortlich kann man immer nur einem Höheren gegenüber sein. In der einfachsten Form ist man demjenigen Menschen gegenüber verantwortlich, der ein Bestimmungsrecht und eine Verfügungsgewalt über einen selbst hat. Das Kind ist den Eltern verantwortlich und den Erziehern, Erwachsene den Vorgesetzten und der staatlichen Autorität. Über diese menschlichen Verantwortlichkeiten hinaus besteht immer eine letzte Verantwortung gegenüber göttlichen Mächten. Diese Verantwortung betrifft die Ausgestaltung und Sinnerfüllung des Lebens in der Form, wie sie dem einzelnen zur Aufgabe gestellt wurde. Die Verantwortung betrifft das bewußte Leben, und sie wirkt mit hinein in das unbewußte.

Wenn wir die unbewußten Wirkungen und Erscheinungen des Lebens in allen ihren Formen, vor allem auch in den negativen Erscheinungsformen, so zu verstehen suchen, dann werden wir ihre Bedeutung voll erkennen. Wir wissen, daß wir bis in unser Alltagsverhalten hinein stärker vom Unbewußten her bestimmt sind als von vielen bewußten Erlebnissen.

Wie begegnet der Mensch den okkulten Erscheinungen?

Von Herbert Gottschalk

Seit Menschengedenken wird von ungewöhnlichen Erscheinungen berichtet, die unsere vertrauten Zusammenhänge durchbrechen und vom Verstand nicht begriffen werden können. Bei allen Völkern und zu allen Zeiten wurde mit bemerkenswerter Gleichförmigkeit von Begebenheiten wie Ahnungen, Wahrträumen oder prophetischen Erlebnissen gesprochen. Seit der Antike wird auch von unheimlichen Spukerscheinungen erzählt, bei denen Gegenstände, anscheinend ohne ersichtliche Ursache, durch den Raum fliegen oder – in der heiligen Legende – vom Schweben des Körpers über dem Boden, den sogenannten Levitationen. Bereits unser heiliges Buch, die Bibel, ist voll davon. Und noch reicheres Material bieten die alten Kulturwelten Indiens, Asiens, Afrikas und Amerikas. Die historische Überlieferung hat es immer wieder mit okkulten, das heißt verborgenen, geheimen Begebenheiten zu tun. Der griechische Schriftsteller Philostratos überlieferte uns von Apollonios die folgende Geschichte: Apollonios verfiel während einer seiner stark besuchten Reden in Ephesus plötzlich in einen tranceartigen Zustand und verkündete dem Volk, daß in diesem Augenblick der Kaiser Domitian in Rom, der gehaßte Tyrann, ermordet worden sei. In der Vorrede der Originalausgabe von Dantes »Göttlicher Komödie« steht zu lesen, daß man nach dem Tode des Dichters das

Fehlen des 13. Gesangs festgestellt habe. Man vermutete, daß ihn der Meister beendet habe, konnte ihn aber trotz allen Bemühens nicht finden. Acht Monate nach dem Tode Dantes erzählte dessen Sohn, Jakobus Alighieri, einem Freund, er habe Dante, seinen Vater, mit leuchtendem Antlitz gesehen. Befragt nach dem fehlenden 13. Gesang, schien es Jakobus, als führe ihn der Vater bei der Hand in das Gemach, wo er zu Lebzeiten geschlafen hatte. Er deutete auf eine Stelle, die sich Jakobus genau einprägte, dann verschwand die Erscheinung. Genau an diesem Ort soll hinter einer Matte ein Fenster entdeckt worden sein, von dessen Vorhandensein niemand wußte. Dort lag eine Handschrift – es war der gesuchte 13. Gesang des Paradiso.

Viel besprochen wurden auch die Visionen des schwedischen Gelehrten und Sehers Emanuel Swedenborg. Im Jahre 1759 hat er während eines Aufenthaltes in Göteborg einer Gesellschaft von 15 Personen den Brand am Südermalm in Stockholm mitgeteilt. Er beschrieb, wie das Feuer um sich greife, wie das Haus eines seiner Freunde in Asche verwandelt würde und sein eigenes in Gefahr stand. Um 8.00 Uhr atmete er erleichtert auf, denn der Brand sei, nachdem er beinahe sein Haus erreicht hätte, gelöscht. Diese Nachrichten riefen in der ganzen Stadt eine Panikstimmung hervor und wurden noch am selben Abend dem Gouverneur mitgeteilt. Eine drei Tage später aus Stockholm eintreffende Nachricht bestätigte die Angaben in allen Einzelheiten. Auch von Luther sind Berichte über Spukerscheinungen überliefert.

Aber auch Sagen und Märchen und die historische Überlieferung wissen von Dämonen, Besessenen oder Heiligen zu berichten. Zeichendeuter, Wahrsager und Beschwörer übten große Macht aus.

Mancher Mißbrauch wurde damit getrieben. Denn magische Ergriffenheit und leichtgläubige Zustimmung boten Wahrheitsfanatikern und Betrügern gleichermaßen ein lockendes Betätigungsfeld. Sie verbreiteten Angst und Faszination zugleich, besonders in Zeiten der Not und der seelischen Bedrängnis. Wir wissen aus den Tagen der Inquisition, was allein der Hexenglaube anzurichten vermochte. In manchen Gegenden wurde jede zweite Frau verbrannt, gehängt oder ertränkt. In der Hexenbulle Innozenz' VIII. von 1484 heißt es: »Nicht ohne ungeheuren Schmerz ist jüngst zu Unserer Kenntnis gekommen, daß in einigen Teilen Deutschlands, besonders in der Mainzer, Kölner, Trierer, Salzburger und Bremer Gegend, sehr viele Personen beiderlei Geschlechts, uneingedenk ihres eigenen Heils und Abirrens vom katholischen Glauben, sich mit Teufeln in Manns- und Weibsgestalt geschlechtlich versündigen und mit ihren Bezauberungen, Liedern, Beschwörungen und anderem abscheulichen Aberglauben und zauberischen Ausschreitungen, Lastern und Verbrechen die Niederkunft der Weiber, die Leibesfrucht der Tiere, die Früchte der Erde, die Weintrauben und die Baumfrüchte, wie auch die Männer, die Frauen, die Haustiere und andere Arten von Tieren, auch die Weinberge, die Obstgärten, die Wiesen, die Weiden, das Getreide und andere Früchte verderben und verkommen machen, auch peinigen sie die Männer, die Weiber, die Zug-, Last- und Haustiere mit fürchterlichen inneren und äuße-

Hinrichtung von Hexen in England. – So stellte ein zeitgenössischer Künstler im 16. Jahrhundert die Hexenhinrichtung in England dar. – Der Göttinger Volkskundler Peuckert löste das Hexenrätsel, indem er sich den Körper mit einer nach alten Rezepten angefertigten Hexensalbe aus Stechapfel, Bilsenkraut und Tollkirsche bestrich. Im anschließenden zwanzigstündigen Giftrausch erlebte er all das, was die Hexen in der »hochnotpeinlichen Befragung« gestanden. Bestraft wurde also nicht Hexerei, sondern der Gebrauch eines Rauschgiftes.

ren Schmerzen und verhindern die Männer, daß sie zeugen, und die Weiber, daß sie gebären, und die Männer, daß sie den Weibern, und die Weiber, daß sie den Männern die eheliche Pflicht leisten können. Auch verleugnen sie den Glauben, den sie in der Taufe empfangen haben, mit meineidigem Munde. Ferner begehen sie überaus viele schändliche Verbrechen, Sünden und Laster auf Anstiften des Feindes des Menschengeschlechts, zum Schaden ihrer Seelen, zur Beleidigung der göttlichen Majestät, zum Ärgernis vieler.« Im alten Ostpreußen war der Aberglaube an Vampire so groß, daß ganze Familien daran zugrunde gingen. Was es damit auf sich hatte, berichtet u. a. Horsts »Zauberbibliothek«, wo der Fall eines namentlich angeführten Vampirs beschrieben wird. »Er wurde lange nach dem Tode ganz rot im Grabe gefunden. Sein Gesicht machte dabei ordentliche Bewegungen, als wenn er gelacht, ja den Mund geöffnet, als ob er frische Luft schöpfen wolle. Als man ihm darauf mit lautem Zuruf ein Kruzifix vor das Angesicht hielt, drangen ihm alsbald die Tränen aus den Augen; und als man ihm zuletzt, nach einem Gebet für seine arme Seele, den Kopf abhieb, habe der Tote ein Geschrei getan und sich gewendet und fast gewunden; nichts anderes, als ob er lebendig wäre, auch das Grab ganz vollgeblutet.« Über die Schamanen Sibiriens sind unbegreifliche Geschichten im Umlauf. Der von Adolf Friedrich und Georg Buddruss 1955 herausgegebenen Sammlung entnehmen wir folgenden, im August 1922 vorgekommenen Fall: »Einmal kam der Schamane Katschikaat-Ojun in den Nemüginschen Nasleg und bat den dortigen Schamanen Solkolooch, sein Weggenosse zu sein. Dieser willigte ein, und beide Schamanen besuchten verschiedene Orte. Der Katschikaatsche Schamane band sich einen reich beschnitzten Weidenzweig unter die Füße und ging im Schritt über die Lena wie über trockenes Land. Der Schamane Solkolooch aber stand am Ufer und lockte von der gegenüberliegenden Seite durch Schnalzlaute ein leeres Boot herbei. Auf ihm fuhr er über den Fluß.«

Die Behauptung, daß die Seele unerklärbare magische Fähigkeiten besitze, hat in der Antike auf der einen Seite gläubige Anerkennung, auf der anderen Seite heftige Zweifel ausgelöst. Die Anerkennung der Antike steigerte sich vielfach in abergläubische Vorstellungen absonderlichster Art. Schon Cicero warnte in seinen Schriften vor Weissagern und Schwindlern. Die Aufklärung verwies dann alle diese Erscheinungen in das Kuriositätenkabinett der menschlichen Narretei. Der Triumph der Vernunft schien das Okkulte ein für allemal aus der Welt geschafft zu haben. Wenige Jahrzehnte darauf wurde aber diese Ablehnung von der enthusiastischen Zuwendung der Romantik zu den Nachtseiten des Seelenlebens unterbrochen. Die Romantik suchte nach einem neuen Verständnis des Menschen im Kosmos und glaubte, daß das unbewußte Seelenleben, Traum, Ahnungen und Hellsehen, den Weg weisen könnten. Die seltsamen Fähigkeiten der von Mesmer und seinen Anhängern untersuchten Somnambulen, die im magnetischen Schlaf hellseherische Leistungen vollbringen sollten, gaben Stoff für weitreichende Spekulationen. Der Magnetiseur Mesmer (1734–1815) und seine Schüler legten das Fundament für eine kritische Betrachtung dieser Phänomene. Mesmer lehrte zwar noch einen Heil- und Lebensmagnetismus, einen magnetischen Schlaf durch Bestreichen und Handauflegen. Er löste aber eine ernsthafte Bewegung unter den Wissenschaftlern seiner Zeit zur Erforschung der Suggestion aus. Unter dem Einfluß der aufblühenden Naturwissenschaften wurden in der zweiten Hälfte des 19. Jahrhunderts die okkulten Phänomene wieder aus der wissenschaftlichen Diskussion verbannt. Um so mehr wucherte der abergläubische Umgang mit dem Unheimlichen. Von Amerika ausgehend, verbreitete sich um 1850 die Epidemie des Tischrückens über die ganze Erde. Die rasch entstehenden Sekten der Spiritisten (von spiritus = Hauch, Geist) glaubten, mit den klopfenden Tischen und mit Hilfe von Medien Verbindung zur Geisterwelt zu bekommen. Das Unerklärliche wurde als eine Bewirkung jenseitiger Wesen gedeutet. Die Animisten (von anima = Seele) wandten sich gegen die Geisterhypothese. Die okkulten Erscheinungen – das die Reichweite der Sinnesorgane übersteigende Hellsehen, die außersinnlichen Erfahrungen, die angeblich unerklärlichen Bewirkungen in der Körperwelt – sind nach der These der Animisten auf Fähigkeiten lebender Menschen, der sogenannten Medien, zurückzuführen. Das Wort Medium = Mittler stammt aber aus der Anschauung des Spiritismus und bedeutet die Mittlerschaft zwischen der Geisteswelt und der diesseitigen Welt.

Hier öffnete sich eine Zone, in der sich Leichtgläubige und Schwindler ansiedelten und auf Kosten der Dummheit Verwirrung stiften konnten. Wie sollte man sie entlarven? Denn neben Betrügereien gab es ja echte Ereignisse, wie etwa Prophezeiungen, die sich erfüllt haben. Wie sollte man da unterscheiden? Mit einem grundsätzlichen Ablehnen aller Phänomene nach dem Vorbild der Aufklärung war es keineswegs getan.

Geschichte der Parapsychologie

Die Anfänge. – Dieser Situation verdankt die Parapsychologie als organisierte Forschung ihre Entstehung. Ihre Geburtsstunde wird mit der Gründung der englischen Gesellschaft für psychische Forschung 1882 datiert. Man sichtete sogenannte spontane Erlebnisse, vor allem Erscheinungen Sterbender, und untersuchte experimentell die Übertragung seelischer Vorgänge von einem Menschen auf einen anderen, die der Cambridger Psychologe Myers Telepathie nannte. Auch der sogenannte physikalische »Mediumismus« wurde in den Bereich der kritischen Untersuchungen einbezogen. Man wollte wissen, wie es mit den Wunderleistungen der Medien stehe, die im entrückten Zustand Tische außerhalb der Reichweite ihres Körpers zu bewegen schienen, Musikinstrumente aus der Ferne zum Spielen brachten oder Abdrücke von Köpfen und Händen in Tonmasse erzeugten. Um die Jahrhundertwende beschäftigten sich zahlreiche Kommissionen mit den Medien Slade und Eusapia Paladino. In Amerika konstituierte sich ebenfalls eine Gesellschaft, die das berühmte Medium Mrs. Piper untersuchte. Mrs. Piper hat in Sitzungen mit Angehörigen von Verstorbenen sehr genaue Angaben über die Verstorbenen gemacht, über intimste Dinge, die sie unter keinen Umständen wissen konnte. Sie sprach auch in der Stimme des Verstorbenen, so daß sich der Eindruck aufdrängte, daß die Verstorbenen selbst durch sie sprechen. Die Animisten sahen darin eine Äußerung telepathischer oder hellseherischer Wahrnehmungen und sprachen von spiritistischen Kundgebungen in theatralischer Einkleidung.

Die offizielle Wissenschaft blieb für dieses neue Forschungsgebiet unzugänglich. Der berühmte Physiker Helmholtz (1821–1894) soll geäußert haben, weder die Zeugnisse aller Mitglieder der Königlichen Akademie der Wissenschaften noch das Zeugnis seiner eigenen Sinne würden ihn auch nur von der Gedankenübertragung überzeugen. Es dauerte lange, bis Universitäten es wagten, dem parapsychologischen Forschungsgebiet ihre Pforten zu öffnen. Auf dem Kontinent war es das kleine Holland, das die Bresche schlug. Im Psychologischen Institut der Universität Groningen untersuchten 1920 Heymans und Brugmans einen Studenten auf telepathische Fähigkeiten und kamen zu einem positiven Ergebnis. In Deutschland hatten sich mittlerweile die Philosophen Hans Driesch und T. K. Oesterreich für das akademische Bürgerrecht der Parapsychologie eingesetzt. Als erste Frucht ihrer Pionierarbeit konnte Hans Bender im Psychologischen Institut der Universität Bonn 1933 eine Arbeit über die Probleme der außersinnlichen Wahrnehmungen durchführen. Seit 1920 ist auch der Münchner Augenarzt Rudolf Tischner mit zahlreichen Veröffentlichungen über Telepathie und Hellsehen hervorgetreten.

Die Methode. – Mit dem Okkultismus alter Prägung hat diese junge Wissenschaft nur noch den Ausgangspunkt gemeinsam. Der Okkultismus lebt natürlich wie alle anderen vorkritischen Strömungen und abergläubischen Lebenseinstellungen in mannigfaltigem Gewand weiter. Er muß es sich aber gefallen lassen, von der Parapsychologie kritisch unter die Lupe genommen zu werden. Sie übernahm den Auftrag der allgemeinen Psychologie zur Ergründung des Seelisch-Geistigen im Menschen. Sie weitete ihn auf jene körperlichen und seelischen Vorgänge aus, die in die gültige wissenschaftliche Systematik der allgemeinen Psychologie nicht eingeordnet werden können. Von ihr übernimmt sie auch die Methoden der empirischen, auf Erfahrung aufbauenden Untersuchung. Sie beruht auf genauer Beobachtung der Phänomene, auf Vergegenwärtigung, angemessener Formulierung der Beobachtungen und auf dem Experiment, verbunden mit der Statistik. Das Experiment stellt hier nicht wie in der normalen Psychologie einen willkürlichen und planmäßigen Eingriff dar, also das Herbeiführen eines Verlaufes unter möglichst klar erkennbaren Bedingungen, die abgewandelt werden können.

Es muß sich der einmaligen und meistens unwiederholbaren Situation anpassen, in der sich die außersinnlichen Erfahrungen darbieten. Als Erfahrungsquelle dienen Berichte und eigene Beobachtungen. Es ist nur selten möglich, ein Phänomen sachlich einwandfrei zu rekonstruieren. Die Physik hat es da viel einfacher. Der

Physiker kann einen Teil aus einem Vorgang herausnehmen, isolieren und gesondert untersuchen. Bei der Wahrnehmung ist das nicht möglich. Weil im Bereich des Seelischen jeder Teilbereich von den anderen und vom Ganzen mitbestimmt ist, muß immer im Hinblick auf den ganzen Menschen und die besondere Art des zu untersuchenden Phänomens vorgegangen werden. Die einzelnen Ergebnisse können dann allerdings, wie in der übrigen Psychologie und auch in der mathematischen Wissenschaft, statistisch miteinander verarbeitet werden. Dabei kommt es auf eine sinnvolle Gliederung der Werte und auf eine hohe Wahrscheinlichkeit an. Fremdbeobachtung und Selbstkontrolle ergänzen sich gegenseitig. Die Aufgabe lautet ja, an einem sehr labilen, vielen Fehldeutungen ausgesetzten Material wissenschaftliche Erkenntnisse zu gewinnen, die einen bestimmten Sicherheitsgrad haben.

Aber die wissenschaftliche Beschäftigung mit okkulten Erscheinungen setzt noch etwas anderes als nur kontrollierbare Methoden voraus. Das Verständnis für metaphysische Zusammenhänge und für Symbole, in die sich seelisches Geschehen zu kleiden liebt, bewahren sie vor einem Materialismus, der alles leugnet, was nicht den bekannten, klassischen Naturgesetzen entspricht.

Wem es an Ehrfurcht vor dem Unerforschten fehlt, wird gerade in diesen Bereichen vor einem verworrenen Geschehen stehen und ihm keine sinnvollen Erkenntnisse abzugewinnen vermögen; denn vorausgesetzt wird hier ein einfühlendes Wissen, das man, wie bei jeder tiefen Wissenschaft, auch erleben muß, wenn nicht nur Formeln, Worte und Definitionen übrigbleiben sollen, Quantität und Qualität, Zahl, Maß, Einfühlung und Intuition müssen sich ergänzen.

Pioniere und Forschungszentren

Viele Forscher bauen an der Parapsychologie mit. Sie können in diesem Zusammenhang nicht alle genannt werden. Unsere notwendigerweise subjektive Auswahl beschränkt sich auf einige Namen und Länder, die zugleich eine Strecke des Ringens mit den okkulten Erscheinungen spiegeln.

J. B. Rhine. – Die Entwicklung der Parapsychologie ging in den einzelnen Ländern verschieden rasch vor sich. In Amerika wurde

Hans Bender (1907)

J. B. Rhine (1895)

W. H. C. Tenhaeff (1894)

Begründer der Parapsychologie

Peter Ringger (1923)

Gardner Murphy (1895)

Max Dessoir (1867–1947)

Hans Driesch (1867–1941)

Rudolf Tischner (1879)

nach dem ersten Weltkrieg an der Duke-Universität in Durham (Nord-Carolina) das inzwischen berühmt gewordene parapsychologische Laboratorium unter der Leitung J. B. Rhines gegründet. Dieses Institut spezialisierte sich vor allem auf die Ergründung der Telepathie und des Hellsehens. Schon bevor Rhine seine experimentellen Versuche begann, hatten verschiedene Forscher wichtiges experimentelles Material herbeigeschafft, so daß Telepathie und Hellsehen als erwiesen galten. Rhine war aber der erste, der viele Tausende Reihenversuche anstellte. Mit Hilfe der Wahrscheinlichkeitsrechnung konnte er den mathematischen Beweis für die Tatsächlichkeit der außersinnlichen Wahrnehmung bekräftigen.

Prof. Rhine benutzte für seine Experimente fünf Karten mit den Zeichen: Kreis, Stern, Quadrat, Plus und Wellenlinie. Die den Versuch leitende Person blickte auf die Karte mit der Zeichnung. Sie versuchte, ohne zu sprechen oder sich zu bewegen, ihre Wahrnehmungen dem Empfänger oder der Versuchsperson mitzuteilen. Beide waren miteinander nur durch gleichgeschaltete Stoppuhren verbunden. Diese Experimente wurden mit überzeugender Wahrscheinlichkeit auch über weite Entfernungen telefonisch durchgeführt. Bei einer zweiten, noch schwierigeren Versuchsreihe sahen die beiden am Versuch beteiligten Personen die Oberseite der Karte mit der Zeichnung überhaupt nicht. Die eine, nennen wir sie den Empfänger, hatte lediglich jeweils eine Karte verdeckt nach Anweisung der anderen, im Nebenraum befindlichen Person (dem Sender) auf einen Stapel zu legen. Nachdem die Karten verteilt waren, konnte die Verhältniszahl der richtigen Wahrnehmung ermittelt werden. Auch bei diesem Versuch zeigte sich eine hohe Wahrscheinlichkeit.

Kritiker haben wiederholt bemängelt, daß Prof. Rhine die Versuche abzubrechen pflege, wenn der Prozentsatz der richtigen Wahrnehmungen zu sehr sinke. Er argumentierte dann, daß die telepathische Kraft nachlasse. Durch derartige Unterbrechungen gelangten aber nur die erfolgreichen Experimente zur statistischen Auswertung, so daß es kaum möglich ist, ein objektives Bild zu gewinnen. Der englische Forscher S. G. Soal hat in diesem Zusammenhang interessante Versuche durchgeführt.

Unabhängig von diesem Streit muß aber zugegeben werden, daß hier erstmals weitgehend überzeugend die Fähigkeit von Menschen geprüft wurde, ohne den Gebrauch der Sinne wahrzunehmen. In den USA, wo die parapsychologische Forschung überhaupt mehr gefördert wird als beispielsweise in Deutschland, versuchen Dutzende von Forschern, vor allem der bekannte Sozialpsychologe Gardner Murphy, die Arbeiten Rhines zu überprüfen und mit eigenen Methoden fortzuführen.

Von dieser Grundlage aus bemüht sich Rhine, das verborgene Reich des Seelischen zu erklären. Dabei zeigt sich die Eigengesetzlichkeit der untersuchten Erscheinungen immer deutlicher. Rein seelisch kann man sie nicht deuten, sie stehen aber auch im Widerspruch zu den physikalischen Gesetzen. Das Verhältnis des Seelischen zum Raum und zur Zeit ist ein anderes als in dem uns bekannten mathematisch faßbaren Raum. Im Bereich des Seelischen hält Rhine eine zeitliche Vorschau für möglich und nachweisbar. Daher erscheint ihm auch eine Beeinflussung materieller Gegenstände durch den Geist möglich. Und selbst für die Fragen nach Leben und Tod eröffnet sich eine ins Metaphysische weisende Diskussionsbasis.

W. H. C. Tenhaeff. – Wie bereits eingangs gesagt, gebührt Holland der Vorrang, als erstes Land in Europa eine experimentelle parapsychologische Forschung begründet zu haben. Nachdem im Psychologischen Institut der Universität Groningen 1920 die ersten parapsychologischen Versuche angestellt wurden, folgte 1932 die Zulassung von Dr. P. A. Dietz (1878–1953) als Privatdozent für Parapsychologie an der Universität Leiden. 1933 wurde Dr. W. H. C. Tenhaeff als Privatdozent für Parapsychologie an der Universität Utrecht zugelassen. 1951 bekam Dr. Tenhaeff einen offiziellen Lehrauftrag für Parapsychologie in Utrecht und 1953 eine (außerordentliche) Professur für Parapsychologie und wurde Direktor des Parapsychologischen Instituts der Universität.

Tenhaeff interessierte sich bereits seit etwa 1918 für die parapsychologische Forschung. Er entschloß sich, Psychologie zu studieren und als akademisch gebildeter Psychologe sich auf die Parapsychologie zu spezialisieren. 1928 gründete er in Zusammenarbeit mit Dr. Dietz eine Zeitschrift für Parapsychologie.

Schon 1925 wies er auf die Notwendigkeit einer genauen Untersuchung der Persönlichkeitsstruktur von Personen hin, die als Telepathen und Hellseher von sich reden machten. 1926 begann er damit, Unterlagen aus Biographien und Autobiographien von Paragnosten (außersinnlich begabte Versuchspersonen) zu sammeln, um sich ein Bild über die Art ihrer Persönlichkeit zu machen. Er setzte sich auch mit Personen in Verbindung, die Paragnosten näher kannten, und legte ihnen Testbogen vor. Nach der Arbeitsaufnahme des Parapsychologischen Instituts (1953) hatte Tenhaeff Gelegenheit, diese Forschungen nicht nur systematischer, sondern auch intensiver und ausgedehnter zu betreiben. Von 1954 bis 1957 wurden im Utrechter Institut insgesamt 45 Personen untersucht, die wiederholt den Beweis für paragnostische Leistungen erbracht hatten. Als Untersuchungsmittel war ein sorgfältig zusammengestelltes Testsystem vorgesehen, das die gesamte Persönlichkeit einbezog. Man hat oft die Frage gestellt, inwieweit Paragnosten für praktische Zwecke benutzt werden können. Dieses Problem wurde in Utrecht einer genauen Überprüfung unterzogen. Es ergab sich, daß Paragnosten in einigen Fällen (entlaufene Kinder und Jugendliche) durchaus imstande waren, der Polizei Angaben zu machen. Im ganzen betrachtet, handelt es sich aber doch um sehr verschwommene Auskünfte. Solche Begabungen sind deshalb vor allem für die Forschung von Bedeutung.

Bei verschiedenen von ihnen stellte Tenhaeff auffallende Spezialisierungen fest, die sehr oft mit Jugenderfahrungen zusammenzuhängen schienen. So zeigte sich, daß ein Paragnost, dem es wiederholt gelungen war, genaue Angaben über ein vermißtes – und wie sich später ergab – ertrunkenes Kind zu machen, im Alter von acht Jahren selbst beinahe ertrunken wäre. Bei ihm hatte dieses Erlebnis ein psychisches Trauma (seelische Verletzung) ausgelöst. Die Untersuchung dieser außergewöhnlichen Befähigung ergab, daß wir bei vielen Paragnosten das Bestreben antreffen, sich selbst im anderen zu entdecken.

Tenhaeff begann im Jahre 1923 Spontanfälle zu sammeln. Die Sammlung wird noch immer ergänzt. Sein Buch Oorlogsvoorspellingen (Kriegsprophezeiungen) erschien 1948. Es gibt eine interessante Sammlung von Spontanfällen in bezug auf den zweiten Weltkrieg.

Die jetzigen Bemühungen Tenhaeffs sind zum Teil auf die Erforschung der paragnostisch begabten Heiler gerichtet. Naturheiler, die außerhalb der Schulmedizin arbeiten, geraten schon wegen ihrer außergewöhnlichen Heilverfahren häufig mit den Gerichten in Konflikt. Ihre Erfolge, wie sie bei uns etwa ein Gröning verzeichnen konnte, sind überraschend. Auf diesem Gebiet gilt es, Betrüger und Kurpfuscher von den wirklich Sensitiven zu scheiden, die dank ihrer besonderen Fähigkeiten Heilungen bewirken können. Es gilt auch, die Öffentlichkeit entsprechend zu informieren. Deshalb werden gerade hier von Behörden wiederholt Gutachten verlangt, denen entsprechende psychologische Untersuchungen vorausgehen müssen.

Hans Bender. – Zentrum der parapsychologischen Forschung in Deutschland ist Freiburg, wo Prof. Dr. Hans Bender nach dem zweiten Weltkrieg ein Institut und eine Gesellschaft für Grenzgebiete der Psychologie und Psychohygiene gegründet hat. Er finanzierte zunächst aus Stiftungen und eigenen Mitteln den Bau der modernen Institutsgebäude, die verwaltungsmäßig inzwischen von der Stadt Freiburg betreut werden. Mit dieser Institutsarbeit ist eine Lehrtätigkeit an der Universität Freiburg verbunden.

Benders Arbeit mündet in einem psychohygienischen Grundanliegen: der Verhütung von seelischen und geistigen Gesundheitsschäden durch Praktiken des Okkultismus und der Hinführung zum wahren Verständnis der Kräfte des Unbewußten, um der geistigen und seelischen Verzweiflung unserer Tage durch Aufklärung entgegenzuwirken.

Hans Driesch, der berühmte Leipziger Naturforscher, Philosoph und Psychologe, hatte 1932 seine »Parapsychologie« erscheinen lassen. Darin ist eine noch heute gebräuchliche Methode und Theorie zugrunde gelegt. Der Schwerpunkt seiner Arbeiten lag im Versuch einer Verbindung des biologischen Experiments mit der theoretischen Biologie und der Naturphilosophie. Auf die Parapsychologie angewandt, der seine späteren Arbeiten galten, ergab das günstige Voraussetzungen zur Schaffung einer dem Gegenstand der außersinnlichen Erscheinungen angemessenen Methode. Driesch hat auch die erste brauchbare Systematik der parapsychologischen Phänomene geschaffen. Er unterschied die Hauptgruppe der psychischen, auf die verborgenen inneren Kräfte des Menschen zurückgehenden Phänomene, wie Gedankenlesen, Hellsehen, Prophetie, von den physischen Phänomenen, die mit Gegenständen der Außenwelt zu tun haben. Dazu gehören Fernbewegungen von Gegenständen, Verkörperungen, Phantome und der Bereich des Spuks.

Als der junge Dozent Bender 1933 am Psychologischen Institut der Universität Bonn seine ersten Hellsehversuche durchführte, verfolgte Prof. Driesch diese Arbeiten mit großer Anteilnahme. Bender hat von ihm in den Grundzügen – und als Arbeitshypothese gedacht – auch die Klassifizierung der Phänomene übernommen. Er unterscheidet die Gruppe der »intellektuellen Phänomene« mit Telepathie, Hellsehen und Prophetie von den »physikalischen Phänomenen«. Zu ihnen rechnet er Fernbewegungen (Telekinesen und Psychokinesen), angebliche Verkörperungen oder Materialisationen und Spukerscheinungen.

Als Prof. Bender sein Institut eröffnete, stand er vor der gleichen Şituation, vor der sich bereits sein großer Vorgänger Max Dessoir nach dem ersten Weltkrieg befand. Eine nur metaphysisch zu begreifende Angst hatte sich der Menschheit bemächtigt. Diese fand sich inmitten einer Inflation der Begriffe, in einer Krise der zwischenmenschlichen Beziehungen und der ethischen und moralischen Werte. Die verzweckte Welt hatte sich eigene Maßstäbe geschaffen, die den Menschen nicht froh werden ließen, weil sie eine fortschreitende Entinnerlichung bewirkten. Man lebte in die Breite und nicht mehr in die Tiefe und vertauschte das Verweilen mit der Hast. Die Dinge verlieren auf diese Weise für das Erleben ihren eigentlichen Sinn. Nicht nur künstlerische Interessen und religiöse Gefühle, sondern auch die Ehrfurcht sind im Schwinden begriffen. Wir sehen die Welt durch die Brille des Lebensstandards und der damit verbundenen Begriffe. Das führt zu einer Gleichschaltung des Geschmacks und des Lebensstils, zur Ausschaltung der Gefühle und schließlich zur Verdrängung und zum neurotischen Schuldgefühl. Manche so arg bedrängten Menschen finden im Okkultismus und Aberglauben einen Religionsersatz.

Hier sind wir wieder bei der Frage angelangt, wieso es eigentlich Parapsychologie geben muß. Sie ist für weite Teile der Bevölkerung eine geradezu zwingende Notwendigkeit, wenn man damit, wie in Freiburg, ein psychohygienisches Anliegen verbindet. Wie nötig sie ist, sieht man nicht zuletzt auch daran, daß, wie in alten Zeiten, so auch in unserer Gegenwart, Scharlatane auftreten. Sie vermögen durch ihr fragwürdiges Wirken Tausende von Anhängern zu gewinnen und Panik in der Bevölkerung zu stiften. Heute gibt es in Westdeutschland eine Gesellschaft der Ufo-Freunde (Fliegende Untertassen), die für ihre Zeitschrift Tausende von Abonnenten gewinnen konnte und deren Mitglieder (etwa 70 000) von der Erlösung durch Marsmenschen träumen. Die Zeitschrift »Neues Europa« brachte eine vielbeachtete Artikelserie unter dem Titel »Der Geist Adolf Hitlers durch den Mund von Medien über das Schicksal Deutschlands und Europas«. In anderen Zeitschriften, wie etwa »Mensch und Schicksal« oder »Die Waage«, sind Horoskope über den Staatsvertrag, den Atlantikpakt oder »Das Schicksal Berlins« und Deutschland an der Tagesordnung.

Neben solchen Betrügern gibt es ungezählte Varietékünstler, die mittels besonders geübter Fähigkeiten übersinnliche Wahrnehmungen wie Hellsehen vortäuschen. Dazu gehört auch das Muskellesen. Viele von uns werden von öffentlichen Vorführungen her damit vertraut sein. Meistens geht es darum, versteckte Gegenstände zu finden. Dem sogenannten Medium werden die Augen verbunden. Es faßt denjenigen, der das Versteck kennt, bei der Hand und führt ihn allmählich dort hin. Auf diese Weise gelang es vor mehreren Jahren einem solchen Varietékünstler in Hannover, kilometerweit vom Ausgangspunkt entfernt, auf einem Trümmergrundstück eine versteckte Kaffeebohne zu finden. Sie war unter Beachtung der notwendigen Vorsichtsmaßnahmen kurz vorher dort hingebracht worden. Gerade in diesem Bereich betätigen sich mit Vorliebe Schwindler. Einige verständigen sich durch vorher vereinbarte Körperbewegungen, andere entwickeln ein eigenes, dem Publikum nicht zugängliches Alphabet. Sie nennen sich dann Telepathen oder Hellseher. Wo es sich um echtes Muskellesen handelt, werden dem Muskelleser durch unwillkürliche und unbewußte Bewegungen die notwendigen Signale für die Auffindung eines Gegenstandes gegeben.

Was soll gegen solche Auswüchse geschehen? Man kann sie ja nicht etwa unter dem Motto »Möge jeder nach seiner Fasson glücklich werden« bestehen lassen, weil derartige Praktiken Hunderte und abermals Hunderte suchender Menschen in Verwirrung und gar Verzweiflung zu stürzen vermögen. Geister können demjenigen, der mit ihnen verkehrt, ja ohne weiteres befehlen, andere Menschen umzubringen oder sich selber das Leben zu nehmen. Solche Fälle sind wiederholt vorgekommen und von den Staatsanwaltschaften untersucht worden.

In Berlin wurde als eine Antwort die »Deutsche Gesellschaft Schutz vor Aberglaube e. V.« gegründet. Hier wird aber wiederum alles in Bausch und Bogen verdammt, was sich nicht verstandesmäßig erklären läßt. Solche Urteile hören sich dann an, als beruhten sie auf der Grundlage des materialistischen Denkens. Für sie ist die Materie eine Spiegelung naturwissenschaftlicher Gesetze. Alles übrige wird als Scheinphänomen abgetan. Das genügt mitunter zur Entlarvung eines Varietékünstlers, aber nicht immer, um Urteile über außersinnliche Erfahrungen zu fällen. Die Notwendigkeit exakter wissenschaftlicher Bemühungen zeigt sich also auch hier.

Zur Arbeit des Freiburger Zentrums der Parapsychologie gehört außer der positiven Kritik des Aberglaubens, der Nachprüfung wissenschaftlich nicht anerkannter Deutungs- und Beratungspraktiken und den Arbeiten über außersinnliche Wahrnehmung die Grundlagenforschung, die sich auf normalpsychologische und psychoanalytische Aspekte des Seelenlebens und auf Gebiete wie die Traumpsychologie erstreckt.

Peter Ringger. – Auch in der Schweiz fungiert eine Gesellschaft für Parapsychologie, die bis 1959 von Dr. Peter Ringger, dem Herausgeber der parapsychologischen Zeitschrift »Neue Wissenschaft«, präsidiert wurde.

Ringger kommt von der Germanistik und benutzt als Forschungsquelle weitgehend das schriftliche Dokument, die Literatur, die Sage, das Märchen, die Symbol- und Urbildforschung. Seine Absichten sind nicht auf das Experimentieren, sondern mehr auf das Verstehen, die Synthese, die Deutung gerichtet. Er bemüht sich, vielleicht etwas voreilig, ein Weltbild der Parapsychologie zu erarbeiten. Urtriebe und Urschichten des Unbewußten werden analysiert, um den Anteil des Irrationalen am Leben des einzelnen aufzuzeigen, physikalische und psychologische Methoden, Erkenntnisse am Wirklichen und das Wirkliche selber, Diesseits und Jenseits, Leben und Tod, Licht und Finsternis; das alles spielt in diese Bemühungen um ein neues Weltbild mit hinein. Kritische Kollegen distanzieren sich von dieser sorglosen Vermengung verschiedenster, vom Wesen her gesehen nicht zusammengehörender Elemente, die nach ihrer Ansicht leicht zu einer Mystifikation führen.

Der 1923 geborene Gelehrte faßt seine Bemühungen in folgendem Bekenntnis zusammen: »Gefesselt hat mich die Parapsychologie wohl hauptsächlich dadurch, daß ich den Eindruck gewann, wir hätten es hier mit unbestreitbaren Phänomenen zu tun, von denen sich unsere Schul- und Hochschulweisheit nichts träumen läßt. Dieser Tatbestand hatte für mich etwas Aufreizendes, er weckte sozusagen meine Pionierinstinkte.

Rückblickend auf neun Jahre mehr oder weniger hauptamtlicher Tätigkeit auf diesem Gebiet möchte ich, auf Grund vieler theoretischer und auch einiger praktischer Erfahrung, folgendes festhalten: die parapsychologischen Phänomene und Probleme verdienten es, auch von der offiziellen Wissenschaft ernst genommen zu werden. Dazu kann die parapsychologische Forschung aber auch ihrerseits beitragen, wenn sie noch intensiver als bisher in gewissenhafter Kleinarbeit ihr Gebiet erforscht und ihre Methoden verfeinert. Unter dieser Voraussetzung könnte die Parapsychologie mit der Zeit einen wesentlichen Beitrag zum Weltbild des modernen Menschen leisten.«

Die wichtigsten Phänomengruppen

Der Bereich der okkulten Erscheinungen umfaßt eine Reihe von Phänomengruppen. Wenn auch viele dieser Phänomene als unecht entlarvt oder zum Teil entlarvt worden sind und außerhalb der Parapsychologie als exakter Wissenschaft liegen, so sind sie hier und da doch mit allen Konsequenzen im Bewußtsein vieler Menschen lebendig. Sie spielen im Leben des einzelnen, bei der zwischenmenschlichen Begegnung, in Gemeinschaften und im Leben der Völker zuweilen eine große Rolle. Jedem von uns sind derartige Erlebnisse bekannt. Die hier folgende Übersicht über die wichtigsten dieser Äußerungen soll den Umgang damit erleichtern.

Telepathie. – Im Volksmund versteht man darunter Gedankenlesen, also Gedankensenden und Gedankenempfangen. Im strengen Sinne betrachtet, handelt es sich um die Übertragung von Vorstellungs- und Gedankeninhalten auf eine andere Person ohne Benutzung der normalen Sinnesorgane. Die Entfernung spielt dabei keine Rolle. Es kann um Gedanken, Bilder, Gefühle oder Empfindungen bewußter, aber auch unbewußter Art gehen. Solche plötzlich eintretenden (spontanen) telepathischen Übertragungen scheinen den Zustand herabgesetzter Bewußtseinstätigkeit zu bevorzugen.

Wenn die Klarheit und Schärfe des Denkens und Urteilens nachlassen, wird das Bewußtsein für solche, die Ebene des Unbewußten beherrschenden Inhalte durchlässig. Sie vollziehen sich mit Vorliebe in Traumbildern, Visionen und plötzlich auftretenden Gewißheiten. Es ist nicht immer leicht, Telepathie vom Hellsehen zu unterscheiden. Sie gilt aber als direktes Kontaktmittel von Seele zu Seele als erwiesen.

Es gibt telepathische Gespräche, telepathische Übertragungen, sinnliche Empfindungen und Todesankündigungen, telepathisch inspirierte Zeichnungen, Schlafzustände und suggestive Fernbeeinflussungen schlafender Patienten.

Auch die psychometrische Telepathie muß erwähnt werden. Darunter ist die Fähigkeit zu verstehen, anhand eines Gegenstandes Aussagen über den Besitzer zu machen. Darüber hinaus können auch Menschen geschildert werden, durch deren Hände der betreffende Gegenstand gegangen ist. Früher nahm man an, der Gegenstand würde die Erlebnisse speichern und das Medium brauche sie lediglich abzulesen. Bei der Psychometrie ist diese »Speicherungstheorie« aber unhaltbar.

Tischner berichtet uns von einem Versuch mit einer griechischen Tonvase, die in Athen gekauft wurde. Sie stand in Beziehung mit einer lustigen Gesellschaftsreise, die in Genua begann und über Ägypten, Palästina, Athen und Messina nach Neapel führte. Zwischen der Besitzerin der Vase und einem Herrn mit Schnurr- und Spitzbart hatten sich intime Beziehungen angesponnen. Das Medium sagte aus: »Hügelig aufgebaute Stadt. Kleidung nicht europäisch, scheint Rom zu sein oder Neapel, Tücher, rote Röcke. Großer moderner Seedampfer, Route Genua–Neapel, Mittelmeerfahrt. Auf Seefahrt, auf Oberdeck lustige Gesellschaft. Überaus vergnügte Gesellschaft. Keineswegs Reise, die irdischen, geschäftlichen Dingen dient, Bucht von Messina. Südliches Italien. Liebesgeschichte, es webt heiß zwischen der jungen Dame und einem Herrn. Starke erotische Welle. Herr hat starken Schnurrbart und einiges am Kinn, stehen an der Reling.«

Hellsehen. – Bei diesem Phänomen muß zwischen räumlichem und psychometrischem Hellsehen, dem zeitlichen Hellsehen oder der

Vorschau und den Erlebnissen, die unter dem Stichwort »Das Zweite Gesicht« bekannt sind, unterschieden werden. Grundsätzlich ist zu sagen, daß unter Hellsehen im strengen Sinne nur außersinnliche Wahrnehmungen eines niemandem bekannten Gegenstandes oder Vorgangs zu verstehen sind. In der Praxis geht es dann unter anderem um das Lesen verschlossener Briefe und um Angaben über kommende Ereignisse.

Das räumliche Hellsehen bezieht sich einmal auf Gegenstände, die den Sinnen völlig entzogen sind, sich aber in der Umgebung der hellsehenden Person, des Mediums, befinden. In diesem Falle wird von Kryptoskopie (Schauen) gesprochen. Die Gegenstände oder Vorgänge können vom hellsehenden Medium aber auch weiter entfernt sein. Dann handelt es sich um Teleskopie. Das zeitliche Hellsehen geht bereits in die Prophetie über. Es hat mit der zeitlichen Rückschau (Retroskopie) und mit der zeitlichen Vorschau (Prophetie) zu tun.

Hellsehversuche wurden wiederholt durchgeführt. Sie sind durch eine gewisse Verschwommenheit der Aussagen charakterisiert, als müßte das Medium sich erst durch einen Ozean fließender Bilder allmählich hindurchtasten. Die zeitliche Rückschau bewegt sich auf gleicher Ebene.

Schwieriger verhält es sich mit der zeitlichen Vorschau und mit dem Zweiten Gesicht. Beide Phänomene hängen zusammen, in beiden Fällen werden Dinge geschaut, die zeitlich überhaupt noch nicht da sind. Zum Verständnis solcher Phänomene tragen viele Theorien und Erklärungsversuche bei, so diejenigen, die von einer Überzeit und von einem Überraum ausgehen, wo bereits alle Ereignisse der Zukunft vorgegeben sind. Das Kapitel über Erklärungstheorien wird darauf eingehen.

Das Zweite Gesicht. – Diese Gabe ist an bestimmte Personen gebunden, und es wird angenommen, sie sei erblich. Jedenfalls wird das von den Spökenkiekern Westfalens und auch Schottlands berichtet. Inwieweit die Landschaft auf solche Befähigungen begünstigend einwirkt, konnte bisher noch nicht einwandfrei erforscht werden. Spökenkieker sind oft Urheber von Geistergeschichten und üben zuweilen die Hellseherei und Wahrsagerei als Beruf aus. Sie sehen ihre Visionen im Wachzustand und sehen vor allen Dingen Ereignisse voraus, die mit Sterbe- und Unglücksfällen zu tun haben, also eine Gefährdung biologischer Urschichten bedeuten. Solche Ereignisse können noch nach Jahren eintreffen. Die Seherkraft kann sich auch auf das Vorhersehen von Besuchen beschränken und tritt nicht nur wie etwa im Falle der Prophetie einmalig oder selten auf. Die Gesichte erscheinen je nach dem Typus des Sehers im Wach- oder Dämmerzustand des Bewußtseins. Sie sind oft so klar, daß Personen und Gegenstände unverwechselbar erkannt werden können. Es heißt auch, das Gesicht könne sich auf den übertragen, der den Seher berührt. Während die einen solche Fähigkeiten preisen und sie mit Hilfe von gewissen Genußmitteln wie Giftkräutertee zu erlangen suchen, halten die anderen sie für ein Sinnbild des Unglücks.

Prophetie. – Die Prophetie oder Prekognition kennt die Zukunft oder Ausschnitte der Zukunft. Solche Sachverhalte können nicht erschlossen werden. Sie überkommen den zur Vorhersage befähigten Menschen plötzlich als Visionen, Ahnungen oder auch Wahrträume. Es handelt sich um das Vorauswissen eines zukünftigen Ereignisses, für das im Augenblick der Voraussage keine zureichenden Gründe bekannt sind. Man hat, naturwissenschaftlich formuliert, von bioelektrischen Empfangsgeräten von morgen gesprochen. Wie Gott durch den Mund seiner Propheten seine Offenbarung seit Anbeginn der Menschheit verkündigt, so lebt jede wahre Prophetie aus einem Zustand der Gnade, der Teilhabe am Überwirklichen, der Eingebung. Sie erscheint als Gabe aus einer sphärischen Höchststufe, die nur Menschen zuteil werden kann, deren Ethos im Einklang mit den ewigen Gesetzen der verborgenen Natur steht. Die mit der Prophetie verbundene Inspiration kann aber auch einem negativen satanischen Prinzip verfallen.

Die Menschen pflegen sich vor allem in Zeiten der Not und Ausweglosigkeit an Prophezeiungen zu klammern. Beliebt sind Prophezeiungen, die durch die Phantasie des einzelnen weiter ausgeschmückt werden können. Die folgenden Beispiele mögen die Eigenart solcher Voraussagen demonstrieren.

Ein französischer Abt verkündete schon zur Zeit Dschingis-Khans (1155–1227) die totale Herrschaft Asiens zwischen 1960 und 1990. Er rechnete in periodischen Generationen und sagte: »27 Generationen vergingen vom Trojanischen Krieg bis zu den Perserkriegen. 27 Generationen vergingen dann bis zu Attila. 27 Generationen hernach wird ein neuer Attila im Fernen Osten gegen Europa aufbrechen.«

Nostradamus (1503–1566), Leibarzt Karls IX., weissagte unter anderem über unsere Zukunft: »Doch schon naht der achte Antichrist – ein Asiate. Europäer und Amerikaner opfern sich in großen Kreuzzügen. Zusammenstöße globalen Ausmaßes. Eine neuer Weltkrieg zwischen 1960 und 1970 wird Paris zerstören. Der Papst wird gezwungen, Rom zu verlassen. Afrika revoltiert gegen Europa.«

Unsere Geschichte weiß viel von Propheten als Dolmetschern des Himmels zu berichten. Daneben stehen profane Propheten und Scharlatane. Die Parapsychologie untersucht solche Phänomene, soweit sie heute in unserem Zeitalter der nüchternen Zweckgebundenheit überhaupt noch vorkommen. Sie hat es aber schwer, objektive Maßstäbe anzulegen. Bender und Tenhaeff neigen zu der Meinung, daß kollektive Schicksale wie etwa ein Krieg sehr wohl in Form visionärer Erlebnisse und persönlicher Schicksale vorweggenommen werden können.

Wahrträume. – Auch im Traum können paranormale Erlebnisse wie Telepathie und Prophetie verarbeitet werden. In prophetischen Träumen werden Ereignisse erlebt, die wirklich eintreten. Telepathische Träume vermitteln Inhalte, die sich gleichzeitig abspielen, ohne daß der Träumende darum wissen konnte. Es geht beim Wahrtraum um die seelische Fernwirkung, um die Kunde, um Voraussagen über Personen und Orte. Medial veranlagten Menschen soll es möglich sein, im Traum die Gedanken anderer zu erfahren. Selbstmord und Traum hängen zusammen. Der Tod wird häufig vorhergeträumt.

Die in der Bibel beschriebenen Träume des Pharao sind gute Beispiele für Wahrträume. Pharao träumte: »Aus dem Fluß stiegen sieben Kühe, schön von Ansehen und fett von Fleisch, und sie weideten im Ried, und da, ihnen nach aus dem Fluß stiegen sieben andere Kühe, häßlich von Ansehen und mager von Fleisch, und traten neben die Kühe am Ufer des Flusses. Und die von Ansehen häßlichen und von Fleisch mageren Kühe fraßen die sieben von Ansehen schönen, die fetten Kühe.« Da erwachte Pharao, und er schlief ein und träumte zum zweitenmal: »An einem Halm stiegen sieben Ähren, fett und schön, und da: ihnen nach schossen sieben Ähren, mager und vom Ostwind versengt. Und die mageren Ähren verschlangen die sieben fetten und vollen Ähren.« Als der verstörte und von seinen Wahrsagern verlassene Pharao Joseph um die Traumdeutung bittet, wird ihm verkündet: »Wisse, sieben Jahre kommen, große Sättigung im ganzen Lande Ägypten, und nach ihnen entstehen sieben Jahre des Hungers, da wird all die Sättigung vergessen im Lande Ägypten, so zehrt der Hunger das Land.«

An diesem Traum zeigt sich, wie sehr seine eigentümliche Bildersprache und Symbolik einer Deutung bedürfen.

Friedrich Hebbel und Jezower teilen den folgenden Traum mit: »Ein Lehrling in Hamburg träumt, er werde auf dem Wege nach Bergedorf ermordet, und erzählt seinem Meister den Traum. ›Sonderbar ist es‹, sagt dieser, ›daß du eben heute mit Geld nach Bergedorf mußt.‹ Der Junge hat die größte Angst, aber er muß fort. Als er auf der Straße nach B. an eine berüchtigte einsame Stelle kommt, kehrt er um, geht ins nächste Dorf und bittet den Schulzen, ihm doch bis über diese Strecke hinaus einen Begleiter mitzugeben. Der Schulze läßt seinen Knecht mitgehen. Sobald der Knecht den Jüngling wieder verlassen hat, packt ihn noch einmal die Angst. Er kehrt ins nämliche Dorf zu dem nämlichen Schulzen zurück und bittet ihn, ihm seinen Begleiter bis nach B. mitzugeben. Der Knecht muß abermals mitgehen. Nun erzählt der Junge diesem unterwegs den Traum, und der Knecht ermordet ihn.«

Ebenso häufig wie prophetische Träume treten telepathische Träume auf. Bei sensibel aufeinander abgestimmten Eheleuten kann es leicht zu gleichen Trauminhalten kommen; denn auf dem Boden gemeinsamer Konflikte, Sorgen und Bedürfnisse vermag das Unbewußte auch gleiche Träume zu produzieren.

Wenn auch nicht zur Parapsychologie gehörend, sondern mehr in die Tiefenpsychologie, so wollen wir hier doch noch kurz einen Hinweis auf die sogenannten intuitiven Träume bringen. Wenn der menschliche Geist vor einer anstrengenden Aufgabe steht und sie nicht zu meistern vermag, dann kommt es bei schöpferischen Persönlichkeiten zuweilen vor, daß ein innerer Reifungsprozeß entsteht, daß sich das Unbewußte im Traum einschaltet und die Lösung verrät. Der durch seine Entdeckung der Vierwertigkeit des Kohlenstoffes und der Ringstruktur des Benzols 1865 weltberühmt gewordene Chemiker Kekule erblickte in symbolischer Einkleidung die Formen seines Benzolringes im Traum. Einer Versammlung von Gelehrten rief er zu: »Lernen Sie träumen, meine Herren!« Solche Träume wurden zu Hunderten als glaubwürdig genannt.

Tempelschlaf. – In die Traumpsychologie, nicht in die Parapsychologie gehört auch als kulturhistorische Besonderheit der Tempelschlaf. Wir erwähnen ihn hier, weil seine Erscheinungsformen außerhalb des normalen Seelenlebens liegen. Der Tempelschlaf geht auf eine lange Überlieferung zurück und wurde bei vielen Kulturvölkern praktiziert. Wir kennen ihn ziemlich genau aus dem alten Griechenland, dem Heiligtum des Asklepios in Epidauros. Es geht dabei um eine Selbstheilungstendenz der Seele, also um spontane Heilungsvorgänge während des Schlafes und im Traum. Der Kranke erwartet, im Tempel schlafend, den vom Gott eingegebenen Traum, den die Priester deuten.

Zu berücksichtigen ist, daß für die Griechen der Traum ein tatsächlicher Vorgang war und nicht, wie für uns moderne Menschen, ein vermeintliches Erleben. Von dieser Einstellung her läßt sich verstehen, daß die Ärzte der damaligen Zeit bemüht waren, günstige Bedingungen für solche Träume herzustellen. Es wurde ein mit den Tempelbräuchen verbundener Ritus entwickelt, um der Seele das unmittelbare Sprechen zu erleichtern. Man ging davon aus, daß sich im Traum eine natürliche Weissagung vollziehe, die Heilungen, vor allem körperlicher Krankheiten, bewirke.

Pandaros von Thessalien hatte ein Mal auf der Stirn, das er beseitigt haben wollte. Er begab sich zum Heiligtum, opferte, unterwarf sich den geheiligten Bräuchen und versank in Schlaf. In diesem Heilschlaf hatte er ein Gesicht. »Es träumte ihm, der Gott verbände ihm mit einer Binde das Mal und befehle ihm, wenn er aus dem Heilraum komme, die Binde abzunehmen und dem Tempel zu weihen. Als es Tag wurde, stand er auf und nahm die Binde ab, und fand sein Gesicht frei von dem Mal. Die Binde aber weihte er dem Tempel. Sie trug die Buchstaben von der Stirn.«

Als mit dem Niedergang Griechenlands diese Heilidee in Verfall geriet, wurde daraus das Heilorakel, das den Patienten Heilmittel für ihre Krankheiten nannte. Der Tempelschlaf wurde teilweise vom Christentum übernommen, und noch heute gibt es die berühmten Heilschlafkirchen in Nocera und Francavilla (Italien).

Träume dieser Art bezeichnet die Psychologie als Wunschträume. Aber damit ist schließlich noch nichts über die darin wirksam werdenden geheimen Kräfte gesagt. Man sprach auch von Offenbarungen des angeborenen Triebes zur Selbsterhaltung. Während des zweiten Weltkrieges, als die Menschen Hunger und Entbehrungen erdulden mußten, wurden derartige Phänomene auch bei uns registriert. Sie sind für die Psychologie aber noch Neuland. Forscher wie Tenhaeff rechnen mit der Möglichkeit, daß es Menschen gibt, die auf paranormale Weise Kenntnis von natürlichen Heilmitteln wie Kräuter usw. erhalten können. Bezeichnend ist auch hier das Wirksamwerden von Kräften der Seele außerhalb der normalen Sinnes- und Wahrnehmungsfunktion.

Wunderheilungen. – Sie geschehen nach Auffassung der katholischen Kirche durch das persönliche Eingreifen Gottes und werden von vielen Wallfahrtsorten in aller Welt bezeugt. In der Nähe der südfranzösischen Stadt Lourdes erschien 1858 dem Hirtenmädchen Bernadette Soubirous in einer Grotte an einer Quelle die Heilige Jungfrau Maria als die »unbefleckte Empfängnis«. Es verbreitete sich der Glaube, das Wasser der Quelle sei durch das Erscheinen der Jungfrau geheiligt. Ein Mann, dessen Augen durch eine Explosion zerstört waren, befeuchtete sie mit diesem Wasser und wurde sehend. Damit geschah in einer inzwischen nicht abgerissenen Kette das erste Wunder von Lourdes. Mehr als eine halbe Million Pilger aus allen Ländern besuchen heute jährlich die Grotte von Lourdes.

Seit 1882 kontrolliert in Lourdes eine ständige Ärztekommission die Heilungen, die nicht durch praktische Tatsachen der Medizin zu erklären sind. Doch beschränkt sie sich lediglich auf Feststellungen, ohne sie zu kommentieren.

Gesundbeter. – Der Christ begreift die Krankheit als eine Folgeerscheinung der Sünde und als Schwäche des Geistes. Er ist von der Hilfe durch den Glauben überzeugt, denn Gott ist Geist, Leben und Wirklichkeit zugleich. Durch die Kraft des Gebetes kann die Krankheit überwunden werden.

Die größte Bewegung, die mit dem Ziel, Kranke durch Gebete zu heilen, ins Leben gerufen wurde, schuf Frau Mary Baker-Eddy (1821–1910) mit ihrer Christlichen Wissenschaft (Christian Science). Beim Beten müssen die Lippen verstummen. Erst dann findet der Mensch beim Allgeist Gehör und wird mit Liebe erfüllt, die jeglichen Irrtum ausschaltet. Aus dieser Bewegung entwickelten sich zahlreiche andere Gemeinschaften. Es treten aber auch wiederholt einzelne Gesundbeter und Gesundbeterinnen auf. Tenhaeff berichtet von einem Fräulein R., das 1930 in Den Haag von sich reden machte. Die Gesundbeter betreiben Suggestionstherapie. Dabei wird die Möglichkeit offengelassen, daß es Fälle gibt, in denen das Eingreifen außersinnlicher Wesen angenommen werden muß. Bekräftigt wird diese Annahme auch durch das Auftauchen unsichtbarer Helfer. Die Kraft des Gebetes hat Wladimir Lindenberg mit den folgenden Worten charakterisiert: »Unser Gebet ist ein stellvertretender Dienst an der Welt und an allen Menschen. Im Gebet verbinden wir uns mit den Kräften der göttlichen Welt, und diese Verbindung ist ein reales Geschehen von unabsehbarer Tragweite. Hier werden Kräfte entbunden, die in das Weltganze hineinwirken; es werden Ereignisse in Gang gebracht, durch die der Weltlauf verändert werden kann . . .«

Stigmatisation und Bilokation. – Stigmatisierte sind Träger der Wundmale Christi. Manche Forscher sprechen auch von Ideoplastik, das heißt von einem Wirklichkeitwerden von Ideen und Vorstellungsbildern. Zur Stigmatisation befähigte Menschen haben physiologisch gesehen ein überempfindliches Nervensystem und reagieren auf seelische oder äußere Erregungen mit bestimmten Stigmen, wie Organveränderungen, Hautrötung oder Krampf. Sie neigen zu Ekstase und Bedürfnislosigkeit und erleiden im besonderen Falle die Kreuzigungsgeschichte mit ihren Begleiterscheinungen. Ihre Wunden an den Händen, an den Füßen und am Kopf schmerzen, eitern aber nicht und lassen sich durch Wundversorgung nicht heilen.

Bereits der heilige Franz von Assisi (1181–1226) soll Wundmale besessen haben. Seit jener Zeit wurden in unserem europäischen Bereich über 300 Fälle von Stigmatisation verzeichnet. Man darf annehmen, daß es sich hier um ein völlig unbestrittenes Phänomen handelt, das auch außerhalb religiöser und konfessioneller Situationen auftritt.

Die von Ärzten und Ärztekommissionen wohl am häufigsten untersuchte Stigmatisierte ist Therese von Konnersreuth. Der Göttinger Psychiater Prof. Ewald verfaßte ein Protokoll über ihre seit der Fastenzeit 1926 bestehenden Wundmale. Wir zitieren daraus einige charakteristische Sätze:

»Auf den Hand- und Fußnägeln ca. 10 Pfennig große, leicht hockelige Gebilde. Sie zeigten, obwohl seit 3 Monaten nicht mehr blutend, am Tage der Untersuchung – es war ein Tag vor der Ekstase – ein ziemlich frisches Aussehen . . . sind aber leicht feucht . . . die Schorfe fallen niemals ab . . . keine Spur von Eiterung . . . die Stigmen an den Innenflächen der Hände und den Fußsohlen sind kleine, halblinsengroße dreieckige Gebilde . . . die Herzwunde liegt über dem vierten Rippenknorpel, dicht über dem Brustbein . . . sie schien weniger blutungsbereit als die Handstigmen, obwohl sie am nächsten Tag blutete.«

Die katholische Kirche sieht in der Stigmatisation einen Gnadenerweis. Die mit dem christlichen Glauben verbundene Stigmatisation wird durch eine Versenkung in das Bild der Wundmale künstlich hervorgerufen. Die Kirche weiß aber auch, daß solche Erscheinungen ebenso aus hysterischer Geltungssucht, ohne religiöse Erlebnisse entstehen können. Sie gleichen dann etwa der »eingebildeten Schwangerschaft«, die sich als Folge eines intensiven Wunsches nach einem Kinde wie eine normale Schwangerschaft entwickelt, bis dann nach neun Monaten zu sehen ist, daß eine Schwangerschaft überhaupt nicht bestanden hat. Phänomene der Stigmatisation beweisen in jedem Falle erneut die starke Suggestibilität des Menschen und die geheimnisvolle Verwobenheit mit dem freien Spiel der seelischen Kräfte.

Zu den Stigmatisierten aus Gnade gehört auch der in Italien wirkende Pater Pio. Von ihm wird außerdem berichtet, er besitze die Gabe der Bilokation. Gemeint ist die Fähigkeit, an zwei Orten zur gleichen Zeit leibhaftig zu erscheinen. Die meisten Erklärungsversuche gehen hier von der Aussendung eines Doppelgängers oder Astralleibes aus und haben ein Glaubensbekenntnis zur Voraussetzung.

Besessenheit. – Wenn ein Dämon oder ein böser Geist vom Menschen Besitz ergreift, spricht die katholische Kirche von Besessenheit. Der Mensch wird Werkzeug einer überpersönlichen Macht. Die göttliche oder teuflische Macht nimmt ganz von ihm Besitz. Sie redet durch seinen Mund, schreibt mit seinen Händen und läßt den Körper sich in Schmerzen quälen. Der Gesichtsausdruck verändert sich zur scheußlichen Fratze, die Stimme schlägt um, der Mensch verwandelt seine Bewußtseinsinhalte. Tobsuchtsanfälle, blindes Herumschlagen der Glieder und Zerstörungswut kommen hinzu.

In alten Zeiten vermochte man die wirklichen Besessenen noch nicht von den Kranken zu unterscheiden, die an Epilepsie und schweren hysterischen Anfällen litten. Die Symptome glichen einander, und die Schlangengrube war in beiden Fällen das unabwendbare Los. Impulsstörungen und Ichstörungen führen zu Sinnestäuschungen und zu leibhaftigen Halluzinationen. Aber damit ist die Besessenheit noch nicht erklärt.

Die katholische Kirche hat eine eigene Methode zur Austreibung von Geistern aus Besessenen entwickelt, die nach bestimmten Überlieferungen und Vorschriften verfährt. Im Bereich der evangelischen Kirche wird die Kraft des Gebetes als Gegenmittel eingesetzt. So soll es dem Pfarrer Christoph Blumhardt gelungen sein, die in der Literatur wiederholt zitierte Frau Dittus zu heilen, so daß »ganze Horden von Teufeln, die einen stumm, die anderen unter Protest«, den Körper verließen. Im Falle der Krankenschwester Magda, aus dem Bezirk Trier, konnte sogar der Ursprung ihrer Besessenheit ermittelt werden. Die Großmutter hatte über das Kind folgenden Fluch verhängt: »Keine Ruhe und keinen Frieden sollst du haben dein Leben lang.« Magda wurde von einer Katze gequält, die in Wirklichkeit gar nicht existierte. Sie sprang ihr plötzlich und unerwartet ins Gesicht und hinterließ entsprechende Kratzer. Die Magda untersuchenden Ärzte bestätigten, daß diese Verletzungen, die übrigens auch an anderen Körperstellen auftraten, nur von einer Katze stammen könnten. Magda wurde auch in der Freiburger Klinik von Ärzten beobachtet. Über die Austreibung gibt es einen dramatischen Bericht: »Wenn die Teufel ausfuhren, geschah es unter Erscheinungen, als ob Magda erbrechen müßte. Sie warfen sie dann auf den Boden. Aufgefordert, sich auf das Sofa zu setzen, schrie der Teufel: ›Staub muß ich fressen.‹ Wenn ausgetrieben, kehrten sie wohl wieder zurück und brachten andere schlimmere mit. Mehr als vier waren aber nicht gleichzeitig in der Besessenen, das hätte sie auch nicht aushalten können. Gefragt, wie lange sie blieben, antworteten sie: ›So lange, wie es uns erlaubt wird.‹ – Wenn die Absolution gesprochen wurde, tobten und brüllten sie. Als die Austreibung beendet war, stand Magda befreit auf.«

Persönlichkeitsspaltung. – Das Problem der Besessenheit leitet über zur Persönlichkeitsspaltung. Sie war und ist ein beliebtes Thema der Romanliteratur und des Films. Sensationsbücher wie das von Thigpen und Cleckley »Die drei Gesichter Evas« versuchen das

Thema durchaus ernsthaft darzustellen. Die beiden Ärzte berichten über ihre Patientin, die sich von einer braven Hausfrau spontan in eine Lebedame zu verwandeln vermochte. Aus Eva weiß wurde Eva schwarz mit allen Folgen. Dann tauchte während der Behandlung aus der Tiefe des Unbewußten die dritte Persönlichkeit, Jane genannt, auf. Sie machte auf die Ärzte den besten Eindruck. Daher wurde sie auf Kosten der anderen beiden Persönlichkeiten gepflegt, bis sie diese schließlich ganz in sich aufsaugte und durch Liebe ihre letzte Festigung in der Gemeinschaft fand. Auch Filme wie »Das andere Ich« mit Marianne Hoppe sind um eine Darstellung bemüht. Medizinisch gesehen, gehört das Phänomen in den Bereich der Psychiatrie. Bei manchen Persönlichkeiten beherrschen die Untergründe des Seelenlebens abwechselnd das Bewußtsein. Den Psychologen interessieren daran die Art der inneren Auseinandersetzung, die sich widerstreitenden Strebungen der Persönlichkeit und der Anteil außersinnlicher Erlebnisse.

Tischner berichtet über den komplizierten Fall Beauchamp, der zeigt, was bei der Persönlichkeitsspaltung vor sich geht. Fräulein Beauchamp hatte vier Persönlichkeiten. Die wichtigste nannte sie »Sally«. Während Fräulein B. gütig und ernst war, spielte ihr Sally ständig boshafte Streiche. Sie schrieb ihr Briefe mit bösen Schimpfwörtern und schickte ihr Pakete mit Spinnen und Schlangen, die B. in hysterische Anfälle versetzten. Fräulein B. kam durch Sally auch sonst in unangenehme Lagen. Sally war ein Sports- und Naturtyp und liebte es, lange Ausflüge zu machen, ohne Geld bei sich zu haben. Wenn dann unterwegs wieder die normale Persönlichkeit B. die Führung übernahm, konnte B. sehen, wie sie nach Hause kam, denn sie war schwächlich und sehr schlecht zu Fuß.

Während bei den sonst bekannten Fällen von Persönlichkeitsspaltung immer eine Person die Herrschaft ausübt, ohne von der anderen zu wissen, war es bei Fräulein B. völlig anders. Ihre vier Persönlichkeiten konnten auch gleichzeitig nebeneinander bestehen und sich befehden.

Dieser Fall erinnert fast an Besessenheit. Er wurde schließlich mit Hilfe einer langen hypnotischen Behandlung vom Arzt Morton Prince geheilt. Persönlichkeit I, die Heilige, wurde mit Persönlichkeit IV, dem Weib, verschmolzen. Die anderen beiden traten nicht mehr auf.

Naturärzte, Harnbeschauer und Geisterärzte. – Naturärzte sind um eine Steigerung der dem Menschen innegewordenen Naturkräfte bemüht. Sie stützen sich auf die Anwendung naturgetreuer Einwirkungen der Außenwelt, die auch den gesunden Menschen in seiner gesunden Leistung erhalten. Daneben gibt es aber auch Naturärzte, die eine außergewöhnliche Fähigkeit zum Heilen mitbringen. Sie interessieren den Psychologen und Parapsychologen.

An der Wiege der heutigen Medizin stand die magische Heilmethode, die Kunst, durch geheime Mittel Natur und Mensch zu beeinflussen und zu beherrschen. Magie versucht, geheime Kräfte (Geister, Dämonen) zur Wirksamkeit zu bringen und im Krankheitsfalle zur rechten Zeit das rechte Mittel anzuwenden. Oft verbindet sie sich mit zauberischen Praktiken aller Art. Sie kennt die Krankheitsübertragung durch direkte Berührung, das Besprechen usw. Ärzte, die sich dieser Kräfte zu bedienen verstehen, können außergewöhnliche Heilerfolge erzielen. Darüber gibt es eine umfangreiche Literatur. Der Arzt Ernst Karl von Reichenbach führte bereits Mitte des 19. Jahrhunderts 13000 magnetische Heilexperimente durch, die den Magnetismus als eine der gesamten materialistischen Welt innegewordene Kraft zu bestätigen suchten, der in seiner Ausstrahlung von besonders dazu befähigten Menschen auch sinnlich wahrgenommen werden kann.

Steinmeyer, ein Bauer aus Westfalen, heilte Hunderte durch magnetische Kräfte. Er behauptete, diese Gabe direkt von Gott zu haben.

Der berühmt gewordene Pfarrer von Gutmannshof aus Tübingen hielt den Kopf des Kranken (Stirn und Hinterkopf) während einiger Minuten in seinen Händen und strich mit magnetischem Passen über die kranken Teile.

Harry Edwards, ein Heilpraktiker aus dem heutigen England, soll innerhalb von sieben Jahren zwei Millionen Menschen ferngeheilt haben. Der vorkritische Okkultismus nahm an, daß ein Fernheiler dem Patienten telepathisch aufbauende Kräfte zukommen lasse, die ihn stärken.

Unter den Heilpraktikern findet man auch Harnbeschauer. Ihnen dient die Urinflasche als »Mittler und als magischer Spiegel«. Ähnlich geht es bei der Kristallschau zu. Die vom Arzt Justinus Kerner beschriebene Seherin von Provorst mußte erst auf eine Seifenblase starren, ehe sie ihre verblüffenden Wahrsagereien von sich gab. Wenn man in einem müden Zustand herabgesetzter Bewußtseinstätigkeit konzentriert auf eine Harnflasche, eine Kristallkugel oder eine Seifenblase schaut, fördert das zweifellos die Aufnahmefähigkeit von Bildern aus dem Unbewußten. Bei der Harnschau werden außerdem berührungstelepathische Fähigkeiten vermutet.

Eine interessante Erscheinung, schon mehr ein Kuriosum des Okkultismus, sind die sogenannten Geisterärzte, die auf Bitten eines Mediums aus dem Jenseits heilen. Darüber gibt es ein großes Schrifttum. Durch das Medium Valiantine meldete sich während eines Experiments ein Geisterdoktor, der stolz behauptete: »Wir haben hier größere Ärzte als ihr auf eurem materialistischen Gebiet.« Aber befragt, wußte er über eine Reihe von Krankheiten doch nicht Bescheid.

Tenhaeff beschreibt in seinem Buch »Außergewöhnliche Heilkräfte« solche Phänomene und nimmt an, daß es sich bei den Geisterärzten um objektivistische Traumgebilde handelt oder um Produkte der dramatischen Persönlichkeitsspaltung des Mediums.

Tischrücken, Telekinesen und Levitationen. – Beim Tischrücken wird das gewöhnliche Phänomen des Klopfens von den Telekinesen und von den höchst umstrittenen Levitationen unterschieden. Tische werden auch für den Verkehr mit Geistern benutzt, die das Alphabet klopfen und sich auf diese Weise verständlich machen. Dann wird von Bewegungen des Tisches ohne physisch sichtbare Kraft berichtet, von sogenannten Telekinesen. Seltener sollen Levitationen, das heißt Erhebungen entgegen den Gesetzen der Schwerkraft, auftreten.

Man kann den Tisch durch Handauflegen oder auch aus der Ferne bewegen. Es zählt zu den harmlosen Gesellschaftsspielen okkultistisch angehauchter Kreise, und es mag verwunderlich erscheinen, daß experimentelle Forscher wie Prof. Rhine die Echtheit solcher Erscheinungen für möglich halten. Wilhelm Moufang berichtet über eine Sitzung: »Während wir um den Tisch herumsaßen, kamen zwei Erscheinungen spontan vor: Ein schnelles Hochkippen des Tisches, und zwar fast immer an der Breitseite, an der ich saß, und außerdem ein plötzliches Rutschen des Tisches. Letzteres hatte ich Schlittenphänomen genannt. Die Bewegung war schußartig, und ich habe es mit dem plötzlichen Anziehen eines Stückes Eisen von einem

Magneten verglichen. Mir war es unmöglich, mit aller Kraft den Tisch in seiner Schnelligkeit seitwärts zu schieben!« Bender erklärt dieses Phänomen aus den unwillkürlichen Gewichtsverlagerungen der Hände der Sitzungsteilnehmer.

Weiterhin ereigneten sich unter der Kontrolle mehrerer Herren Erhebungen des schweren Tisches. In einigen Fällen sollen die Beteiligten mehrere Meter vom Tisch entfernt gewesen sein. Ein Betrug soll ausgeschlossen gewesen sein.

Früher sprach man bei diesen Phänomenen vom Wirken des Teufels oder von Magie. Neuerdings wird auch von wissenschaftlicher Seite versucht, die Schwebephänomene aufzuklären. Der Energie- und Gewichtsaustausch soll eine wichtige Rolle spielen. Der Forscher Arsonval will festgestellt haben, daß die schon erwähnte Eurapia Paladino um das Gewicht des Tisches zunahm, den sie durch Fernwirkung zur Erhebung brachte. Es gibt mehrere Theorien über die Aufhebung der Schwerkraft, die der Kritik jedoch nicht standhalten.

Materialisationen. – Auch dieses Phänomen versucht man mit verschiedenen Theorien zu erklären. Prof. Haas (Wien) hat eine These aufgestellt, die von der Kernphysik und ihren Aufbaugesetzen ausgeht. Danach ist die dem Auge sichtbare Materie nur ein Strom geballter Energien, die einer ständigen Veränderung, sowohl dem Aufbau wie dem Abbau unterworfen sind. Solche Veränderungen sollen auch mit Hilfe entsprechender außersinnlicher Kräfte erreicht werden können. Als Zeugen werden die angeblich echten Materialisationen angeführt.

Materialisationen sind Verstofflichungen, die durch geistige Wesen (Geister) oder andere außersinnliche Kräfte vorgenommen werden sollen. Sie bedürfen der Vermittlung eines Mediums und hinterlassen Spuren, wie Abdrücke von Händen usw. Daß es gerade hierbei viele Betrügereien gibt, leuchtet ein. Und Herr Allan aus Wien, der sich zur Aufgabe gemacht hat, alle erreichbaren Schwindler des Okkultismus zu entlarven, zeigt, wie »Geisterhände« aus geschmolzenem Paraffin hergestellt werden. Trotzdem bleiben bei diesem Phänomen auch für den sachlichen Kritiker viele Fragen offen.

Um die Erforschung der Materialisationsphänomene hat sich vor allem Schrenck-Notzing verdient gemacht, der in München eigene Experimentierräume unterhielt. Er schrieb über eine Sitzung mit seinem Medium: »Ich hielt ihre rechte Hand, ihre linke umklammerte den Vorhangflügel. Es bildete sich unter tiefen Respirationen und krampfartigen Muskelanspannungen unmittelbar vor meinen Augen eine große streifige, flockige Substanz, die ihrem Munde zu entströmen schien, sich vergrößerte und verdichtete ... Ich näherte meinen Kopf bis auf 20 bis 15 cm an, um deutlicher zu beobachten, und sah diese in träger Bewegung befindliche, wie einen Haufen feinster, gestreifter, grauer Schleier aussehende Masse langsam niedersinken. Die Erscheinung verschwand hinter dem Vorhang. Die Hände hatten ihre Stellung während des ganzen, etwa eine Minute dauernden Vorgangs nicht geändert.« In anderen Sitzungen soll das Medium geistigerartige, von Schrenk-Notzing fotografierte Gebilde produziert haben, die sich bei der Berührung plötzlich auflösten, als hätten sie sich in Gas verwandelt. Heute sind solche Phänomene selten geworden, so daß es an geeigneten Studienobjekten fehlt. Die meisten wurden als Betrug entlarvt: Die Geschichte des Okkultismus aber lebt davon.

Spukphänomene. – Das Problem des Spuks geistert seit den Uranfängen der Menschheit durch die Geschichte und wird auch unter Einsatz des Films und des Tonbandes untersucht. Die Forscher haben es mit mannigfaltigen Erscheinungen zu tun. Fanny Moser, die Spezialistin für Spukerscheinungen, hat sie ausführlich beschrieben. An Mauern sind Schläge hörbar, es werden Möbel gerückt, Türen und Fenster öffnen sich von selber, Hausbewohner hören Geräusche oder sehen, wie Gegenstände durch die Räume fliegen und beim Aufprall zerbrechen. Manche Erscheinungen sind von einem »kalten Hauch« begleitet. Es kommt auch vor, daß Einrichtungsgegenstände umgeworfen oder Gegenstände aus verschlossenen Schubladen transportiert werden. Manchmal werden Gegenstände bei gleichbleibender Raumtemperatur heiß oder auch eiskalt. Auf Spukhäuser pflegen Steinregen niederzugehen. Es muß allerdings mit Nachdruck gesagt werden, daß sehr viele Spukerscheinungen auf bloße Betrügereien zurückzuführen sind. Man unterscheidet den »personengebundenen« Spuk vom »ortsgebundenen« Spuk, wie er etwa von alten Schlössern her bekannt ist. Ein Fachmann schreibt: »Ohne selbst unmittelbarer Augenzeuge von Phänomenen geworden zu sein, haben mich meine Erfahrungen doch davon überzeugt, daß hier ein Forschungsfeld vor uns liegt, das ernst genommen werden muß und der intensiven wissenschaftlichen Arbeit wert ist.« Bei dem von ihm im Hause des Bürgermeisters von Neudorf 1952 untersuchten Spuk sollen Gegenstände aus der Wand hervorgetreten sein. Wäscheklammern stiegen senkrecht an einer Tür in die Höhe und flogen dann im rechten Winkel weiter. Die Wäsche bewegte sich senkrecht im Schrank.

Die Forscher sind in solchen Fällen dazu übergegangen, die Struktur der betreffenden Gruppe (Familie, Hausbewohner) tiefenpsychologisch zu untersuchen. Fast immer werden dabei neurotische Symptome zutage gefördert, verdrängte Aggressionen, sexuelle Spannungen, Minderwertigkeitsgefühle und andere Gleichgewichtsstörungen. Sie pflegen sich mit Hilfe eines unsichtbaren Mediums »spukhaft« zu entladen. Die Parapsychologie sieht im Spuk eine ärztliche und seelsorgerische Aufgabe. Man kann vulkanartige Ausbrüche der Seele nur durch eine Harmonisierung der seelisch-geistigen Kräfte steuern.

Die Wünschelrute. – Schon Moses soll von der Wünschelrute Gebrauch gemacht haben, als er mit seinem Stab gegen den Felsen schlug und Wasser fand. Die Wünschelrute dient zum Auffinden von Heilquellen, Wasseradern und von Erzen, aber auch zur Suche nach verlorenen Gegenständen, zur Untersuchung der Erdstrahlung und zur Feststellung krankhafter Ausstrahlungen des menschlichen Körpers. Selbst bei Ausgrabungen soll sie schon wertvolle Dienste geleistet haben.

Zum Rutengänger ist nicht jeder befähigt. Die Zunftleute sprechen von angeborener Begabung. Auf die Frage, was die Rute zum Ausschlagen bringt, antworten verschiedene Theorien. Sie spannen sich von der Annahme einer fluidalen Ausstrahlung bis zur Elektrizität.

Wünschelruten können aus einem Weiden- oder gegabelten Erlenzweig angefertigt werden, aber auch aus Aluminium, Stahl und Kupfer. Form und Bestandteile spielen nur eine untergeordnete Rolle. Die älteste und einfachste Wünschelrute ist die Weidenrute, als Stab oder Gabel geführt. Es kommt auf die Leistungsfähigkeit der menschlichen Feinstoffstrahlung an. Das Ausschlagen, Anziehen oder Abstoßen soll auf Verwandtschaft oder Nichtverwandtschaft mit dem gesuchten Stoff zurückgehen.

Die zuständigen Forscher bemühen sich um eine Erklärung dieses Phänomens. Gegner des Okkultismus behaupten, die Bewegungen der Ruten würden durch unbewußte Muskelbewegungen des Pendlers hervorgerufen. Ärzte, wie Dr. Jarricot, sind der Meinung, es handele sich um ein rein seelisches Phänomen, das mit dem Hellsehen zusammenhängt. Die meisten Annahmen stimmen darin überein, der Rutengänger sei ein biologischer Indikator und reagiere deshalb auf Wasseradern und dergleichen physikalisch.

Das Pendel. – Mit der Wünschelrute ist das Pendel verwandt. Für seine Praxis gelten im wesentlichen die bereits erwähnten Sachverhalte.

Das Pendel wurde schon im Altertum zu Wahrsagezwecken benutzt. Die Pendelpraktiker behaupten, chemische Stoffe und Nahrungsmittel auf ihre Zusammensetzung und Edelsteine auf ihre Echtheit prüfen zu können. Sie wollen den Körper und seine Organe diagnostizieren, die Beziehung von Mensch zu Mensch und die Charakterveranlagung ermitteln. Die Fragen nach Vermißtem, Verlorenem oder auch Zukünftigem werden beantwortet. Scharlatanen tut sich also ein weites Feld auf.

Echte Pendler halten sich für Geheimbündler. Sie führen die Pendelbewegungen auf Strahlkräfte zurück, die in allem Lebendigem wirksam sind. Zum Pendeln, heißt es, sind nur feingestimmte, sensitive, medial veranlagte Menschen befähigt. Ihnen wird eine paranormale Begabung nachgesagt. Der in seinen Formulierungen vorsichtige und kritische Forscher Jean Jarricot schrieb 1950: »Sich an die Wünschelrute oder das Pendel wenden heißt, sich an eine besondere Sprache wenden, um die Anstöße, die aus dem Unbewußten entsteigen, auszudrücken.« Ob man das, was da aus dem Unbewußten aufsteigt, immer auf einen bestimmten Nenner bringen und diagnostisch auswerten kann, steht in Frage. Barrett und Bestman antworten: »Zusammenfassend versichern wir, daß die Wünschelrutengängerei ein rein psychologisches Problem ist, daß der Ausgangspunkt für alle diese Erscheinungen in der Psyche des Wünschelrutengängers liegt und daß keine der physikalischen Theorien einer aufmerksamen Untersuchung standhält.« Prof. Schaefer, der Leiter des Psychologischen Instituts der Universität Heidelberg, verneinte als Sachverständiger vor dem Karlsruher Gericht im Oktober 1954 die Frage nach der Verwendbarkeit von Pendeldiagnosen. Auch bei diesem Phänomen bleibt ein Rest zurück, der einer weiteren Klärung bedarf.

Praktiken zur Ergründung des Schicksals

Zum Abschluß unserer stichwortartigen Übersicht über einige okkulte Phänomene wollen wir noch zwei Randgebiete erwähnen, weil sie gerade in letzter Zeit in der Öffentlichkeit wieder viel Verbreitung gefunden haben, nämlich die Handlesekunst und die Astrologie.

Handlesekunst. – Mit der Handlesepraxis begeben wir uns in ein vielumstrittenes Grenzgebiet. Das Hessische Institut für Betriebswirtschaft hielt kürzlich in Frankfurt eine Arbeitstagung unter dem Thema »Cheirologie als Mittel zur Menschenkunde« ab. Sie wurde von Frau Dr. Ursula von Mangoldt, einer Expertin für Religionspsychologie und Cheirologie, geleitet. Im Mittelpunkt stand die Frage: Kann die Handlesekunst zur exakten Wissenschaft erhoben und für die Personalbeurteilung eingesetzt werden?

Bisher war über Handlesekunst allgemein nur bekannt, daß sie von Zigeunern betrieben wird und auf eine jahrtausendealte Tradition zurückzuführen sei. Im Mittelalter wurde sie sehr primitiv ausgeübt. Sie stand aber in der Gunst der Staatsmänner und Könige. Später ging dieses Wissen ganz verloren. Erst der Arzt und Naturforscher C. G. Carus hat es im 19. Jahrhundert neu entdeckt und Vorlesungen an der Universität Leipzig über die Symbolik der Hand gehalten. Heute bemüht sich die Handlesekunst um wissenschaftliche Anerkennung. Schon nach dem ersten Weltkrieg kam es zur Gründung zahlreicher Handlesevereinigungen mit hauptberuflichen Cheirologen, und auch nach dem zweiten Weltkrieg lebten diese Praktiken wieder auf. Es klingt sonderbar, daß sich sogar nüchterne Wirtschaftsfachleute offiziell mit einer Lehre beschäftigen, die bisher die Domäne »weiser Frauen« war.

Auch bei diesem Phänomen sind nicht so sehr die negativen Auswüchse interessant als vielmehr die Frage, ob und wie Aussagen zustande kommen.

Die Handlesekunst, Chiromantie oder Cheirologie, wie sie heute genannt wird, ist bei uns durch die Arbeiten der Frau Ursula von Mangoldt neuerdings zu Ansehen gelangt. Sie versucht, ihrem Deutungssystem ein Fundament zu erarbeiten. Die Bemühungen, die Zeichensprache der Hand aus ihren Formen, Erhöhungen und Linien zu deuten, wird in den Bereich der Anthropologie, der Menschenkunde, verweisen. Demnach hat dieses Wissen mit der mathematischen Naturwissenschaft nichts zu tun. In den äußeren Erscheinungen der Hand drückt sich ein innerer Sinngehalt aus, der auf das Ganze des Menschen, sein Gesamtschicksal, bezogen ist. Das Handlesen hat, so verstanden, nichts mit Wahrsagerei zu tun. Während sich der sogenannte »Wahrsager« in das Unbewußte des Gegenübers einschaltet und aus diesem die Situation, die Wünsche und Ängste des Fragenden zu erspüren sucht, ist das Handdeuten lehrbar und erlernbar. Es bedarf einer klaren Beobachtung wie einer intuitiven Gesamtschau, um die einzelnen Zeichen miteinander zu kombinieren und gegeneinander abzuwägen.

Frau von Mangoldt, befragt, wieso sie sich gerade der Erforschung der Handlinien widmet, antwortet: »Je schwerer die Zeiten sind und je weniger sicher die Menschen in sich selbst ruhen, um so mehr werden sie zum Handleser gehen, nicht nur aus billigen Beweggründen, sondern auch aus einer inneren Not.

Der Mensch wird sich immer fremder, bedingt durch die Überforderungen der Zeit und eine falsche innere Einschätzung seiner selbst. Die Handsprache aber vermag durch Aufzeigen seiner Anlagen und Möglichkeiten den Menschen wieder in seine Grenzen zu stellen. Sie vermittelt auch wichtige Hinweise für Berufswahl,

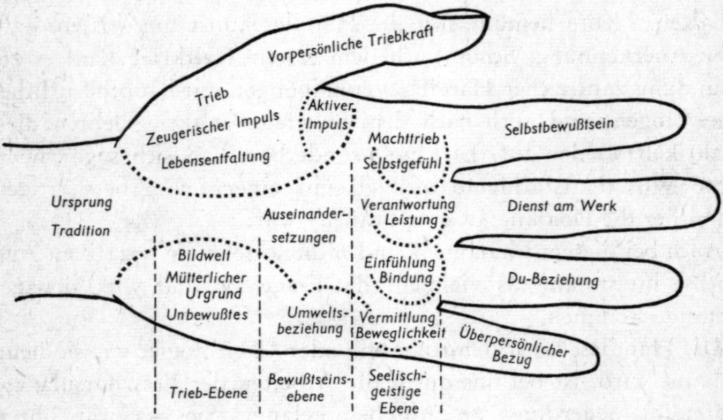

Die Handberge. – Die Schicksalsdeutung aus der Hand wird vor allem bezogen auf Handlinien und Handberge, deren Bildung in festem Zusammenhang mit den verschiedenen Persönlichkeitsmerkmalen stehen soll.

Partnerschaft, aber auch für die Erziehung der Kinder. Denn noch ehe das Kind sprechen oder schreiben kann, sind in seine Hand schon mit der Geburt die Züge seines Charakters eingezeichnet. Auch das Schicksal hat seine Spuren eingeschrieben, um erkennen zu lassen, wie der Mensch gedacht, zu welcher Aufgabe er bestimmt und auf welches Ziel er hingeordnet ist.

Dieser schicksalhafte Bezug ist es, der mich besonders stark zur Deutung der Hand geführt hat, weil ich immer mehr erfahren habe, wie der Mensch durch Nichtkenntnis seiner selbst oder durch falsche Zielsetzungen seine einmaligen Möglichkeiten verfehlt und seine Chance verspielt. Überdies läßt die Veränderung der Linien erkennen, wieweit der Mensch Herr seines Schicksals ist und in einer, wenn auch meist geringen Weise, die Möglichkeit besitzt, in freier Willensentscheidung sein Leben zu bestimmen.«

Astrologie. – Sie gehört nur soweit zum Forschungsbereich der Parapsychologie, als es sich um die Überprüfung wissenschaftlich nicht anerkannter Deutungs- und Beratungspraktiken handelt. Eine Untersuchung der Gesellschaft zum Studium der öffentlichen Meinung (Allensbach) zeigte, daß sich mehr als 50% der Bevölkerung mit Astrologie beschäftigen und ihrem meist verheerenden Mißbrauch ausgeliefert sind.

Im einzelnen sah die Untersuchung folgendermaßen aus: Die Hälfte der Befragten verneinte einen Zusammenhang zwischen dem menschlichen Schicksal und den Sternen: 30% hielten ihn für gegeben und 20% für sehr bedenklich. Mehr als die Hälfte der Bevölkerung ist zur Astrologie positiv eingestellt, versteht darunter aber vor allem Zeitungshoroskope. 7% kennen ihr individuelles Horoskop, 69% das Tierkreiszeichen ihres Geburtsmonats. An diesen Zahlen wird deutlich, daß es sich hier um ein echtes sozialhygienisches Problem handelt.

Bender führte vor einigen Jahren mit Unterstützung der deutschen Forschungsgemeinschaft und unter Einschaltung der Ministerien eine großangelegte Überprüfung der meistverbreiteten Deutungs- und Beratungspraktiken durch. Dabei standen auch die sozialen Erscheinungsformen der Astrologie zur Diskussion, für deren rechtliche Handhabe diese Untersuchung die Voraussetzungen schaffen sollte. Es war ein Streit zwischen dem »Deutschen Astrologiebund e. V.« und der »Deutschen astronomischen Gesellschaft«

entbrannt, der vor Gericht beigelegt werden sollte. Bender testete ein Gremium von 150 Astrologen in seinem Freiburger Institut.

Im Altertum wurde die Astrologie von Priestern ausgeübt. Die Kunst, aus der Stellung der Gestirne das Schicksal des Menschen und seine Zukunft vorauszusagen, führte zu Deutungssystemen. Sie sind auf die Erde als Mittelpunkt bezogen und sehen in den Gestirnen lebendige Kraftzentren. Das größte und das kleinste bilden eine Einheit und bedingen sich gegenseitig.

Gegner der Astrologie – sie wird von der Wissenschaft abgelehnt und vor allem von der Astronomie scharf bekämpft – wenden ein, daß ein mathematisch errechnetes Horoskop nichts mit dem Schicksal des Menschen zu tun haben könne, da es dabei ja nur um spekulative Zahlenkombinationen gehe. Der Begründer der Kollektivpsychologie, C. G. Jung, nahm zu diesem Problem kürzlich Stellung und gelangte zu der Annahme, daß sich Zahlen dem emotionalen Bedürfnis des Menschen anzupassen vermögen. Auf diese Weise werden astrologische Aussagen möglich. Der 1946 verstorbene Philosoph Graf Hermann Keyserling pflegte aus Liebhaberei alle bekannten Astrologen aufzusuchen und sein Horoskop lesen zu lassen. Dabei stellte er fest, daß wirklich Befähigte, paranormal Begabte, stets das Richtige trafen, während die nur handwerklich Arbeitenden versagten. Muß man bei der Astrologie wie bei anderen Phänomenen zwischen Scharlatanerie und Resten eines uns inzwischen verlorengegangenen geheimen Wissens unterscheiden?

Tiere und Okkultismus

Zwischen Haustieren und Menschen wurden seit jeher ähnliche Phänomene beobachtet, wie sie zwischen Kleinkind und Eltern bestehen. Das Problem der Übertragung von Gefühlen und Bindungen spielt auch hier eine große Rolle. Wir kennen aus der Literatur die Fälle der »denkenden« Tiere. Pferde klopfen das Alphabet, Esel lesen aus Büchern, Hunde vollbringen Kunststücke.

Daran zeigt sich bereits ein hoher Grad von Sensibilität, Suggestibilität und eine dem Medium gleichende Struktur. Früher wollte man solche Phänomene auf unbewußte Zeichengebungen von seiten des Experimentators zurückführen. Dann wurde immer mehr betont, daß eine echte Symbiose (von innen her gestimmtes Zusammenleben) zwischen Mensch und Tier angenommen werden darf.

Der Telepathie und dem Hellsehen ähnliche Vorwegnahmen treten im Tierbereich wiederholt auf. Jeder Tierfreund weiß, daß Tiere etwas wahrnehmen können, das das menschliche Auge nicht sieht. Störche pflegen vor Naturkatastrophen ihre Nester von Gefahrenstellen zu entfernen, Hunde warnen ihren Herrn vor Gefahren, oft unter Einsatz des eigenen Lebens. Andere Tiere spüren das Herannahen des Todes und verhalten sich schon Tage vorher entsprechend. Ein umfangreiches Schrifttum berichtet über solche Phänomene. Man kann sie nicht allein naturwissenschaftlich mit Instinkten und Urbildern erklären. Hier zeigt sich ein Verhalten, das paranormal genannt werden kann.

Okkultismus, Aberglaube und Religion

Die meisten okkulten Phänomene erscheinen unglaubwürdig, ja unsinnig. Der kritische Europäer kann es oft nicht verstehen, daß sich Wissenschaftler mit solchen Dingen beschäftigen. Er verweist das Ganze in den Bereich des Aberglaubens.

Aber was ist Aberglaube? Zunächst ist es der Gegensatz zum Glauben, und darunter verstehen wir einmal, außerhalb der Theologie, ein Fürwahrhalten aus Gründen, die subjektiv befriedigen, ohne objektiv zureichend zu sein. Diese Form würde auch die innere Überzeugung vom Vorhandensein paranormaler Erlebnisse einbeziehen.

Psychologisch betrachtet, ist Aberglaube der Glaube an übernatürliche Vorgänge und Wesen, der den wissenschaftlichen Erkenntnissen oder auch den geltenden religiösen Anschauungen widerspricht. In diesem Falle würde es sich um einen theoretischen Aberglauben handeln. Sobald daraus Gebräuche und Praktiken entspringen, hätten wir es mit einem praktischen Aberglauben zu tun. Wir begegnen ihm auf niedrigen und fortgeschritteneren Kulturstufen, in den Anschauungen über Hexen, Zauberei, Eingeweideschau, Vogelflug, Spuk, Kartenlegen oder Wahrsagen im Kaffeesatzorakel. Der durch diese Praktiken geblendete Mensch verliert sich allzu leicht in abwegige Phantasievorstellungen.

Aber zwischen blindem Aberglauben und blindem Glauben steht der wissende Glaube. Er versucht, mit den Mitteln des Erlebenden und Klärenden den Dingen sinnvoll zu begegnen.

Das Heilige Officium der katholischen Kirche hat festgelegt: »Die Annahme, daß die Geister der Verstorbenen mit Zulassung Gottes bisweilen erscheinen, um die Lebenden zu mahnen und sie um ihre Fürsprache anzugehen, hat mit Aberglaube nichts zu tun. Aber Leichtgläubigkeit gegenüber derartigen Erzählungen ist natürlich nicht am Platze.«

Für die evangelische Kirche verwirklicht sich der Mensch im Verlangen nach Gemeinschaft mit Gott und göttlichem Dasein und der daraus entspringenden verantwortlichen Lebensführung. Wenn er statt dessen seine Seele an außersinnliche und geheimnisvolle Kräfte preisgibt, um sie in seinen Dienst zu zwingen, begibt er sich auf den Pfad des Aberglaubens und begeht Sünde.

Generell betrachtet, sieht die katholische Kirche die allermeisten okkulten Phänomene als raffinierten Schwindel der Medien an. Nur ein Bruchteil an Phänomenen wartet auf eine wissenschaftliche Erklärung, »um die sich die Parapsychologie bemüht«. Das Heilige Officium hat das Beiwohnen und erst recht die direkte Beteiligung an spiritistischen Sitzungen verboten. Die wissenschaftliche Erforschung von Phänomenen durch zuständige katholische Gelehrte unter Anwendung der nötigen Vorsichtsmaßregeln »ist natürlich erlaubt«. Die evangelische Kirche verbietet die Beschäftigung mit okkulten Phänomenen dort, wo sie der alleinigen Rechtfertigung des Menschen durch Gott aus dem Glauben widersprechen.

Erklärungstheorien

Es wurden wiederholt Versuche unternommen, die okkulten Phänomene in das klassische, naturwissenschaftliche Weltbild einzubauen und befriedigende Theorien darüber aufzustellen. Von den vielen Geisterhypothesen, die der Rechtfertigung des okkulten Treibens dienen sollten, brauchen wir hier nicht zu reden.

In der ersten Forschungsphase gingen die Versuche von der Physik aus. Crookes und Oswaldt schufen die Wellen- und Strahlentheorie, um den Vorgang der Telepathie zu erklären. Sie wandten für die Erklärung des Austausches zwischen seelischer und materieller Energie das Prinzip des Radios an (Sender und Empfänger auf feingestimmter Wellenfrequenz). Inzwischen hat diese Theorie neue Anhänger gefunden und lebt als Hypothese des sechsten Sinnes (Kryptoästhesie) oder als telepathische Kryptoästhesie weiter. Aber die Energiehypothese versagt schon bei der Erklärung der Prophetie, die sich nicht in die Gesetze von Ursache und Wirkung (Kausalität) einordnen läßt. Schon Driesch nahm an, daß man von uns noch unbekannten Übertragungsmitteln, von einem »Seelenfeld« ausgehen müsse. Viele Forscher, unter ihnen der Physiker Pascual Jordan, schlagen vor, auf die Methoden der Physik zu verzichten.

C. G. Jung sieht in den parapsychologischen Phänomenen »sinnvolle Zufälle«. Die Weltereignisse sind nicht durch eine naturgesetzlich faßbare Kausalität miteinander verbunden, sondern durch einen Sinn, der konnexstiftend wirkt. Gemeint ist eine Art »magische Realität«, die seelische Vorgänge sinngleich verwirklichen kann.

Eine von Neuhäusler stammende Theorie sieht in unserer normalen Denkorganisation eine »gewisse« Sperre für außersinnliche Fähigkeiten. Wäre diese Sperre nicht da, würde das Außersinnliche überall hinreichen, an alle Objekte und Subjekte. Diese Fülle würde den Menschen aber überwältigen und überfordern. Daher ließ die Natur das Bewußtsein als Schutzfunktion entstehen.

In diesem Zusammenhang wird auch von einer raum- und zeitfreien Auffassung der Seele gesprochen. Außersinnliche Vorgänge können sich in verschiedenen, sich ausschließenden Räumen und Zeiten abspielen. Sie werden von uns vielleicht nur deswegen als paranormal gebucht, weil diese raum- und zeitlosen Sphären außerhalb des alltäglichen menschlichen Daseins liegen.

Solange wir nicht wissen, was Zeit ist, und wie die Dimensionen der Zeit geschichtet sind, bleibt dieses Problem ungelöst.

Diese wenigen Angaben können nur einen unvollständigen Überblick über die mannigfaltigen Theoriebildungen geben. Im Mittelpunkt der ernsthaften Forschung stehen die quantitativ-statistischen Experimente, und es hat den Anschein, als würden sie das qualitative Experiment und die Spontanfälle als Hintergrund zur Interpretation benötigen.

Parapsychologie und Hygiene

Wie wir sahen, ist die Parapsychologie mit der Sozialhygiene und der Psychohygiene verbunden.

Was man heutzutage unter Psychohygiene versteht, geht auf ein bereits 1907 festgelegtes Programm zum Schutz der seelischen Gesundheit zurück. 1948 gab es in 50 Kulturländern psychohygienische Gesellschaften mit dem gleichen Ziel. Ihre Arbeit wurde jedoch in den einzelnen Ländern verschieden stark vorangetrieben. Die USA, England, Dänemark, Holland, die Schweiz und Deutschland haben inzwischen die Parapsychologie als Teilgebiet in die allgemeine Psychohygiene einbezogen. Erreicht werden soll eine Bekämpfung des Aberglaubens und seiner gesundheitsschädlichen Auswirkungen mit Hilfe der exakten Forschung. Sie überprüft die diskutierten Phänomene und wirkt zugleich aufklärend. Sie soll dazu beitragen, den Menschen von Ängsten und von der Gier nach magischer Sicherung zu befreien, desgleichen von komplexhaften Bindungen okkulter Art, die viele Krankheitsursachen zur Folge haben und sich auch sozial nachteilig auswirken. Das sozialhygienische Problem wird bei diesen Bemühungen stark betont. Sie erstrecken sich auf Praktiken, Zirkel, okkulte Gesellschaften, die meinungsbildend wirken. Es ist nicht falsch, die parapsychologischen Phänomene mit Sprengstoff zu vergleichen, der nicht jedem in die Hand gegeben werden sollte.

Literatur-Hinweise zur Parapsychologie

Allan: Die 4. Dimension. Wien, o. J.
Amadou, Robert: Das Zwischenreich. 1957
Barrett/Bestman: The Divining Rod, 1926
Bender, Hans: Parapsychologie. Ihre Ergebnisse und Probleme. 1954
Bender, Hans: Parapsychische Phänomene als wissenschaftliche Grenzfrage. 1957
Björkheim, John: Die verborgene Kraft. 1954
Buchner, Eberhard: Von den übersinnlichen Dingen. 1924
Dessoir, Max: Vom Jenseits der Seele. 1917
Mangoldt, Ursula: Die Innenhand. 1959
Meier, C. A.: Antike Inkubation und moderne Psychotherapie. 1949
Moufang, Wilhelm: Magier-Mächte und Mysterien. 1954
Rhine, J. B.: Die Reichweite des menschlichen Geistes. 1950
Racinelli, Francesco: Gabe des Heilens. 1953
Ringger, Peter: Das Weltbild der Parapsychologie. 1959
Tenhaeff, W. H. C.: Außergewöhnliche Heilkräfte. 1957
Tischner, Rudolf: Ergebnisse okkulter Forschung. 1950
Walter, Gerda: Phänomenologie der Mystik. 1950

Fotonachweis

Bavaria Verlag, Gauting bei München S. 40
Ilse Collignon, München S. 17
Dr. H. Dirks, Haan S. 45
Keystone, München S. 31, 32
Ullstein, Berlin S. 103
Sämtliche Zeichnungen im Buch stammen von August Lüdecke.